どうせなら
歳は素敵に重ねたい

大人の日々をおしゃれに生きる着こなし、暮らし、生き方のアイディア

ミランダかあちゃん／輪湖もなみ
Monami Wako

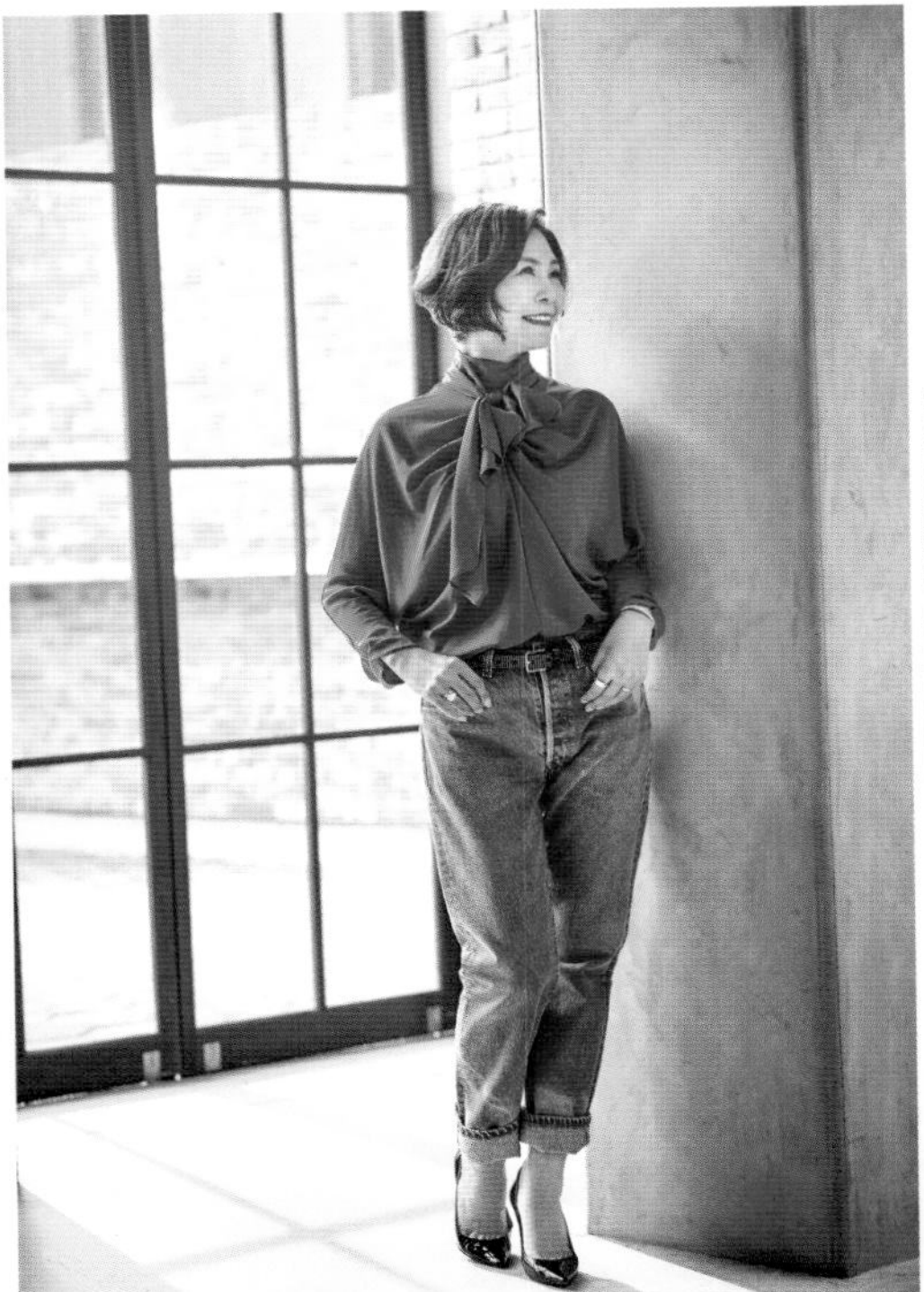

IN BEAUTIFUL
mirrors
MOTEL

Prologue

【はじめに】

大人になるって素晴らしい

「あなたを20歳に戻してあげる」

もし目の前に魔法使いが現れて、そんなふうに言われたら、あなたはどうしますか？

私なら即答します。

「面倒くさいから結構です」

若さって確かに素晴らしいです。気力も体力も十分、健康診断の結果にドキドキすることもなく、腰はくびれ、肌も髪もツヤツヤしています。

だけど20代の私は、毎日が悩みと失敗だらけでした。

どうして私はモテないんだろうとか、あの子より仕事をしているのに、なぜ認めてもらえないんだろうとか、いら立ちとコンプレックスのかたまり。いろんなことにくよくよ悩み、ストレスのはけ口として好きな服を買いすぎて、預金通帳の残高が100円だったこともあります。

そんな若さを懐かしく思う気持ちはあるけれど、もう1回あんなしんどい思いをするのは面倒だなあ、と思う気持ちのほうがまさってしまうのです。

大人になることの素晴らしさってなんでしょう。

1つは、存在感が増すこと。

そしてもう1つは、経験を重ねて知恵がつくことです。

例えば、高価なブランド品は、若い女性が持つと、頑張って背伸びしている感や誰かに買ってもらった感が出てしまいます。こうしたものをさらりと自然に持てるようになるのは、大人の女性になってから。高価なものやインパクトのある服であったとしても、あなたの知性や余裕を引き立ててくれます。こうしたオーラこそ、大人ならではの特典ではないでしょうか。

私は大学を卒業してから16年間、大手アパレル企業に勤務し、そのあと花を扱う仕事で起業しました。そして、4年前からご縁があって、再びファッションの仕事をするようになりました。つまり、人生三毛作めです。

仕事で多少のトラブルが起きても、これまでの経験と知恵を総動員すれば、若い頃よりは失敗や遠回りをちゃちゃちゃっと要領よく避けられる気がします。大人になってからの1年は、若い頃の1・5倍。中身が濃くて充実し、穏やかに楽しい時間をすごせているのです。

歳を重ねることで得られるものは、お金では買えません。

若さは年齢とともに失われてしまっても、それと同じくらい素敵なものがちゃんと手に入るようにできています。どうせなら、大人になったからこそ楽しめる、大人のあなたにしかできないおしゃれを楽しんでみませんか。

どうせなら
歳は素敵に重ねたい

Contents

【目次】

Contents

【目次】

Contents

【目次】

Chapter 02

新しい「自分のスタイル」の作り方

Chapter
03

私を幸せにするものだけに囲まれたい

Contents

【目次】

Chapter 04

Chapter 05

Contents

{目次}

Chapter

01

大人だからこそ素敵に着こなせるものがある

大人のおしゃれはあなた自身がブランド

グッチ、サンローラン、セリーヌといった海外の高級メゾンは、何年かに一度、クリエイティブディレクターの交代があります。

ファッションは常に移り変わるものだから、時代を先取りし、顧客を飽きさせないようにするブランドの若返り戦略です。

新しいクリエイティブディレクターが就任したときに、必ずやることがあります。

それはブランドの歴史をしっかりと研究することです。

過去の素晴らしいアーカイブを踏まえ、そこに新しい創作を足していくことで、他のブランドには真似できない、ブランド独自の世界観をつくることができるからです。

もしもシャネルのブランドロゴが、まだなんの実績もない新人デザイナーが作ったものだったとしたら、あなたはあそこまで高価なバッグを買おうと思いますか？
シャネルのロゴは単なる記号ではなく、革新的なルックで働く女性のライフスタイルを変えたココ・シャネルやカール・ラガーフェルドといった、後世に名を残すデザイナーの歴史があってこそのものです。言い換えれば、歴史のないおしゃれはまだまだ底が浅いのです。

ごく普通の服を普通に着ていても、着る方のパーソナリティーがにじみ出て、他の人とは違って見える。それが大人のおしゃれの醍醐味《だいごみ》です。

ブランドをただ身にまとうのではなく、**あなた自身がブランドになるおしゃれを見つけていきませんか？**

「いかにも今年の服」だらけは大人にふさわしくない

雑誌や書籍で、「ていねいな暮らし」なんていう特集を目にすると、見ているだけでなんだか癒やされます。

自分の身近にあるモノをていねいに扱える人は、きっと自分にも他人にも、ていねいに優しく接することができるのだろうなあ、と想像してしまうのです。

一方、インスタグラムを眺めていると、毎回発売されたばかりの新しい服を着て、しかも二度と同じ服を着ていない女性をお見かけすることがあります。モデルでもスタイリストでもない場合、この方のクローゼットはいったいどうなってしまうのだろう、と余計なお世話なのですが、心配になることがあります。

流行は絶えず移り変わるものだから、そのすべてを追いかけようとしてしまうと、際限がありません。安いからといって次々と買った服は、たいした思い入れも思い出もなく、ただただ目の前を通り過ぎるだけ。

それって本当に豊かなおしゃれなのでしょうか。大人だからこそ、もっとていねいな服との付き合い方ができるのではないでしょうか。

モノへの接し方で、人柄が透けて見えてしまうことがあります。

使い捨てのおしゃれは、自分も他人も軽んじている人に見えてしまって、とても損だと思うのです。

「すべてが今年の服だらけ」というのもまた、私たち大人が恐れている「イタイ」に向かう道でもあります。私も夏の薄着の季節にファストファッションのプリントドレス1枚で出かけてしまい、電車で目の前に座ったお嬢さんとそのドレスが丸かぶり、なんていう経験をしたことがあります。

「すべてが今年の服だらけ」は、いちばんやりたくない、若い子との競い合いに向かって自爆しにいくようなものです。

自分にふさわしい服を見極める4つのチェックポイント

多くの大学の医学部では、「白衣式」という式典で臨床実験に入る前の学生に、白衣を授与します。人の命を預かるプロとしての自覚をうながすためです。実際、注意力が必要とされる仕事をするときは、医師や科学者の象徴である白衣を身につけたほうが、作業のパフォーマンスが高いという実験結果もあるそうです。

つまり、自分の思い描く理想を表すような服やアクセサリーを身につけていると、自分自身にますます自信が持てて、仕事の成果まで変わってしまうということなんです。

もしも医者が白衣のかわりに「地獄へ落ちろ！」とか「俺はまだ本気出していない

だけ」という文字が書かれたTシャツを着ていたらどうですか？

「この先生、大丈夫？」と周りは一斉に引くでしょうし、着ている本人だって、自信を持って仕事ができそうにありませんよね。

「自分らしくない」「自信が持てない」と思いながら服を着ていると「自分はその場にはふさわしくない」「価値がない」という負の気持ちを生んでしまうのです。

大人のおしゃれに欠かせない大事なチェックポイントがあります。

❶ その服を着るとときめきますか？

❷ その服を着て快適にすごせますか？

❸ あなたの立場や役割にふさわしいですか？

❹ あなたの魅力が活かされますか？

の4つです。

着ているあなた自身が、**着るたびにワクワクときめくこと、着心地がよく快適で日常生活に無理がないこと、社会的な立場や役割にふさわしく、そして自分の魅力が活かされていると感じること**。この４つがそろうと「自信」になります。

目立ちすぎないからとか、もう歳なんだからとか、雑誌でおすすめと書いてあったからだけで服を選んでしまい、結局何を着ていいかがわからなくなって振り出しに戻ってしまった、という方は少なくありません。

もし迷路に入ってしまったら、この服を持っていていいんだろうか？　と迷うことがあったら、自分にとってその服がこの４つを満たしているか？　を考えてみてください。

「似合う服探し」より「自分の長所探し」が大切な理由

「自信」が持てる4つのポイントについて、もう少しお話しさせてください。

女性の集まりで自分と他人を密かにくらべ、「この中で私はけっこうイケている」って思うことありませんか？

「人と比べるな！」は女性にとって無理なお話。ファッションとは大衆化したものを否定し、次の時代の新しいものを作り出すことですから、おしゃれの本質は人との差別化です。ですから、本当のおしゃれは「優劣」ではなく、「人と違う」ことに価値

があるのです。

個人コンサルティングでお客様にお会いしたとき、私が必ずする質問があります。

「あなたの見た目の長所を３つあげてください」

そうすると、

「私は腰が張っていて、洋梨体型で……」

「バストが大きくて、何を着ても太って見えちゃって……」

あれあれ、出てくるのは好きじゃない点ばかり。

「そうじゃなくて長所はどこですか？」と言うと、虚空を見つめて「う〜ん」と黙り込んでしまう方がほとんどです。私から見たら、３つに収まりきらないくらい、多くの長所をお持ちなのに。

なぜ私がこんな質問をするかというと、**「人と違う」は、今の自分の良さと向き合うことから始まるから**。ダメな自分にダメ出しすることではなく、自分の長所に自分でスポットライトを当ててあげることだからです。

年齢を重ね老いが近づくのを感じると、だんだん自分の長所に自信が持てなくなってくる。そんな大人世代こそ、自分の魅力の再発見をしていただきたいのです。

例えば私は１６７センチの長身と手足の長さが自分の長所だと思っています。腰下の長さを強調したほうが見栄えがするので、かなり派手な色柄の太めのパンツをはくことも多いです。丸顔で顔がうるさくなるので、上半身に柄ものを持っていくことはあまりしません。

もともと少ない髪が年齢とともに薄くなったので、50歳を越えてからショートボブにしました。でもそのおかげで大きなピアスをして、シンプルなトップスに合わせるというスタイルが定着しました。

こんなふうに、自分の長所を研究することで、「マイスタイル」が生まれます。自分に合うものと合わないものの取捨選択がしやすくなるんです。

いくらトレンドであっても、自分が美しくスタイルよく見えない服をわざわざ着る必要はありません。

短所は見方次第で魅力になる

そうは言っても、自分のいいところってなかなか探しづらいですか？

では、短所は見方によっては長所にもなるという話をしますね。

料理研究家の浜内千波さんは、ご自身の長所を活かした装いをしていると私が感じる大人女性の一人です。テレビで拝見する浜内先生は、長い手足とすらりとスリムな長身が、なんとも魅力的。特に、細く長い首筋からデコルテのラインは、まるでバレリーナのようです。

大人女性の中には、痩せてきたデコルテや首の筋を必要以上に気にして、ハイネックしか着ない、という方も少なくありません。

でも浜内先生はいつも、大きく襟《えり》ぐりがあいたVネックやUネックをお召しです。

推測ですが、痩せてきたデコルテを短所ととらえず、ご自身の首の長さと美しさをいっそう際立たせるのにむしろ好都合と受け止めていらっしゃるように感じます。

つまり見た目の長所と短所って、実は表裏一体、要は自分の受け止め方次第でもあるのです。自分ではずっと欠点だと思っていたことが、実は長所だった、なんていうのもよくあること。たまには気心の知れた友達や家族に、聞いてみてもいいかもしれませんね。

古希を過ぎても現役で仕事をし、デザイナーとしてだけではなく、センスや生き方が幅広い世代の女性から支持される島田順子さん。失礼ながら、ものすごく美人なわけでもスタイルがいいわけでもありません。でも、表紙を見かけただけで島田さんの本だとわかる、圧倒的な個性があります。グレイヘアやキュートな丸顔も、すべてが本人を引き立てるアクセサリーに見えてしまう。

「圧倒的に人と違う」おしゃれは、自分の長所を再発見した大人女性だからこそたどり着ける、ご褒美のようなものなんです。

なんだか素敵！の正体はツヤだった

１９６０年代生まれのバブル世代は（私もこの世代です）、どこかがキラキラしているのですぐにわかります。ネックレス、イヤリング、指輪の重ねづけ、ハンドバッグにはスワロフスキーのキラキラくまちゃん、靴のつま先もキラキラ、ネイルもキラキラストーン入り。どんなに景気が冷え込んでも、ゴージャス感は抜けません。

この世代の方のファッション、もう少し「光」を抑えて「ツヤ」方向にいったほうが素敵なのになあと思うことが多いです。どうしてもお肌の衰えが出てくる年代、つけすぎのキラキラが、かえって衰えたお肌を強調してしまうと損だと思うからです。

一方、１９７０年代生まれの、団塊ジュニア〜氷河期世代の多くはかなり控えめ。「黒、紺、白しか持ってないんですが他の色を加えたらイタイですよね？」と、とてもコンサバで、女っぽさやきらびやかさをあえて避ける方が多いように思います。

どちらの世代も共通して素敵になれる処方箋は、「キラキラ・ギラギラ」ではなく**「ツヤツヤ」を足すこと**です。滑らかなシルクや、細い光沢糸で編まれたニット、質感のいい革ベルトの腕時計や、鈍く光を放つカーフのパンプスなど。奥から輝く控えめなツヤは、持つ人を高級に、上品に見せるのです。

「光沢感バイアス」ってご存じですか？　デザイン法則の1つで、人はツヤがなくくすんだ物体よりも、光沢感のある物体が魅力的に見えるのです。物体の表面に光沢があるのは、近くに水源があるしるし。水の確保は原始生活で重要だったために、その感覚が現代人にも引き継がれていて、人は光沢のあるものに魅力を感じるようにできているのです。車や家電なども、ツヤ消しよりツヤツヤした質感のほうが高級だと認識してもらえます。

新品のキラキラつきのパンプスより、磨き込まれたカーフレザーのパンプスを。

光沢感をぜひどこか1ヶ所に取り入れてみましょう。

誰でも簡単にカジュアル上手になれるコツ

「きちんとした場所に着ていくきちんとしたコーディネートはできるけど、カジュアルってちょっと自信がありません」

これ、大人女性のあるあるです。持っているのはスーツと勝負ワンピースと部屋着だけなんていうキャリア女性も珍しくありません。

この数年で職場のドレスコードがゆるやかな会社も増えました。また仕事帰りにスクールやジム、習い事に行ったり、新しくできた商業施設をのぞいてみたりすることもあるでしょう。フットワーク軽く行動したいのに、「こんな服じゃ行けない」となってしまってはもったいない。

昔はテーラードジャケットにタイトスカートとヒールパンプスという、スキのないファッションでバリバリ働くのがかっこいいとされました。でも、すでに実力が備わっている大人女性は、スーツで身の丈以上に見せて周囲を威嚇する必要もないし、むしろかっちりしすぎなファッションは、「怖い」「近寄りがたい」という印象を周囲に持たれてしまいます。

カジュアルを成功させるためには、まずは「よそ行きと普段着は別」という思い込みを捨てましょう。カジュアルな服＝安い服というわけでもありません。

大人カジュアルを成功させる鍵は「ミックス感」にあります。

カジュアルな服は小学生の子供も着るものですから、それに大人のフェミニン、大人のマニッシュを組み合わせればいいのです。

例えばトレーナー、デニム、スニーカーといった全身カジュアルなアイテムは「どカジュアル」。まるで校庭で遊んでいる小学生男子のような格好ですね。

スニーカーとTシャツというカジュアルアイテムを選んだら、それ以上カジュアルな服はいりません。あとは真逆のエレガントなスカートで女性らしさを足し、きりっとしたジャケットでマニッシュに引き締める、などのコーディネートで大人カジュア

ルが完成します。
ボウタイつきのシルクブラウスや、レース、フリル、シアー（透ける）素材使いといったフェミニンなアイテムを着る場合は1点だけ。そして他はかっこいいパンツを合わせてクールにしたり、デニムを合わせてカジュアルダウンしたりすると、大人カジュアルがうまくいきます。

« マニッシュ、フェミニン、カジュアルをミックスさせた大人カジュアル

マニッシュなジャケットとフェミニンなスカートというきちんとしたアイテムに、Tシャツとスニーカーでカジュアルな味つけを。

Jacket,Shoes: Stella McCartney
T-shirt: sacai
Skirt: Maison Margiela
Bag: COMME des GARÇONS

Chapter
01
大人だからこそ素敵に着こなせるものがある

シアー素材は、デニムで着崩す

女性らしい、シアー（透ける）素材のピンクのブラウスには、デニムを合わせてカジュアルダウン。

Blouse: DRIES VAN NOTEN
Denim: LEVI'S
Shoes: MAISON DE REEFUR

ミリタリーアイテムは女性らしく

マニッシュなカーキのミリタリージャケットは、真逆の女性らしいプリーツスカートを合わせれば大人度アップ。

Jacket: AP STUDIO
T-shirt: BARNEYS NEW YORK
Skirt: DRIES VAN NOTEN
Shoes: GUCCI

« ボウタイブラウス+フェイクレザーパンツ

フェミニンなボウタイつきのブラウスは、女性度の高いアイテム。辛口のフェイクレザーパンツで、キリッと引き締めて。

Blouse,Pants: ZARA
Shoes: JIMMY CHOO

Chapter

01

大人だからこそ素敵に着こなせるものがある

» スーツはサイズ感で着崩す

かっちりしたテーラードジャケットのパンツスーツ。よりカジュアルにするなら、少し大きめのサイズ感で選んでゆったりと。腕まくりとスニーカーもポイント。

Jacket,Pants: ZARA
Shoes: SAINT LAURENT

« ジャケットのインナーをTシャツに

お仕事ジャケットのインナーを、シャツやブラウスからTシャツにかえてみる。それだけでこなれたお仕事カジュアルの完成。

Jacket: Stella McCartney
T-shirt: STUNNING LURE
Skirt: GLOBAL WORK
Shoes: JIMMY CHOO
Bag: VALENTINO

「定番品は一生使える」は幻想!?

「定番品は一生もの」と書いてある雑誌を見かけますが、そんなものはほとんどありません。ファッションは古いものを壊して新しいものを作り出すことで進化してきたわけですから、ファッション衣料である限り、古くならないものはないのです。

むしろ、コム デ ギャルソンやヨウジヤマモトなどのデザイナーズブランドは、時代の空気感より作り手の個性やデザイン性が前面に出ているので、10年前の服が少しも古く見えなかったりします。

特にデニム、白シャツ、ニット、ジャケットなど、シンプルなデザインの定番服ほど、目立つデザインがない分、身頃や袖のボリューム感や丈感、襟やカフスの大きさ

や位置などのディテールに流行りすたりがはっきり表れます。

超ベイシックの代表、ユニクロのメリノウールニットでさえ、毎年ほんのわずかに襟ぐりを変えたり身幅や袖付け位置を変えたりと、時代に合わせて微調整を繰り返しているんですよ。

こうしたベイシックアイテムは出番も多いですから、傷みも早いです。ですから高価なものを買う必要はなく、手ごろな価格帯の中から質のいいものを選び、トップス・ボトムスは3年、ジャケットは5年を目安に総入れ替えしましょう。

私たちは現代社会の中で、常に情報をアップデートしながら生活しています。例えばいまだに黒電話しか使いません、資料は郵便で送ってくださいという人がいたら、浮世離れした世情に疎い人だと思われてしまいます。

時代感覚を適度に身につけている大人でいるために、**一定期間がたったら、ベイシックアイテムを入れ替えていくことが必要です。**

≪

個性的なブランドは、新旧組み合わせてもコーディネートが決まる

ブラックのジレは、古着屋で手に入れたコム デ ギャルソン。ジュンヤワタナベ コム デ ギャルソンのスカートは、新しいもの。個性的なブランドは、作られた年代が違う新旧の服を組み合わせても、違和感がありません。

T-shirt,Gilet: COMME des GARÇONS
Skirt: JUNYA WATANABE COMME des GARÇONS
Shoes: ZARA

≪

個性的なドレスは、時代を超えていつも新鮮

ドリス・ヴァン・ノッテンの華やかなプリントドレス。トレンドに関係のない個性的な色柄デザインは、何年たっても新鮮に着られます。

Dress,Bag: DRIES VAN NOTEN
Coat: HYKE
Shoes: Maison Margiela

ただの地味をシックに変える方法

誰でも持っているようなベイシックな服を着たとき、洗練されてシックに見える場合と、単なる地味にしか見えない場合があります。この差ってなんでしょう。

全身黒っぽいシンプルな服が、ただの地味にならないコツは、**「素材に変化をつける」**ことです。同じ黒でも、シルクのツヤやかな黒、起毛したふわふわモヘアの黒、レザーの黒とでは印象がまるで違います。これは光の反射の仕方が違うからです。反射の違いが凹凸感を生むので、異素材を組み合わせることで、まるで別の色をまとったように着こなしに陰影が生まれるのです。

逆に全身が同一素材だと、きっちりしすぎてスーツライクに見えてしまうか、変化にとぼしくのっぺりとした印象になってしまいかねません。

服は「デザイン」「素材」「色」の3つの要素でできています。

デザインや色にはとてもこだわるのに、なぜか素材には無頓着な方が多いのですが、抑えた色でシンプルなデザインの服こそ、変化をつけた素材選びが鍵となります。


地味にならないもう1つのコツは、**「光を足す」**ことです。

黒いパンツに黒いシャツ、黒いサングラスをかけた海外のファッショニスタがとてもおしゃれに見えるのは、髪の色がブロンドや明るいブラウンだから。頭部は全身の2割を占めるので、黒っぽい髪のアジア人が同じコーディネートをすると、頭が重く地味な印象になってしまうのです。

髪の黒いアジア人は、ブロンドのヘアのかわりになるものを足しましょう。例えば光るアクセサリーや腕時計、ゴールドやシルバーのバッグや靴、ブーツなどを、全身の2割入れるのです。

特別派手な色を入れ込まなくても、色調はシックなまま、コーディネートに華やかさが出ます。

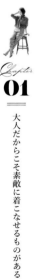

レザーライダースは、黒コーデのスパイス役

黒に変化をつけたいときに便利なのがレザー。ドレスとは異なる深い光沢感が、スタイリングに凹凸感を生みます。

Jacket: Acne Studios
Dress: emmi
Shoes: NIKE

同じ黒でも、素材を混ぜれば、「真っ黒で地味な人」にならない

ツヤツヤした質感のMA-1に、フラットなウールのラップスカートをコーディネート。モノトーンコーデも、素材の変化で軽やかに見せる。

Jacket: sacai
Shirt: DRIES VAN NOTEN
Skirt: HYKE
Shoes: GUCCI
Bag: BOTTEGA VENETA

ひとひねりあるデザインものなら、ダークカラーでも華やか

シックなネイビーカラーも、シアー素材、ストライプ、パンツのサイドラインなど、ひとひねりされたデザインものなら平凡にならない。

Blouse,Pants: sacai　Shoes: JIMMY CHOO　Bag: paco rabanne

個性的なデザインのスカートでパンチを効かせる

ベイシックなスウェットとスニーカーには、ジグザグにデザインされた個性的なスカートで、モノトーンでもパンチが効いたスタイリングに。

Tops: Uniqlo U
Skirt,Shoes: Stella McCartney
Hat: ZARA

無地を光る素材にかえてみる。それだけで脱平凡

ゴールドのラメ糸が編み込まれたニットは、これ１枚でアクセサリーがわり。上半身に光を取り入れただけで、脱平凡。

Tops: DRIES VAN NOTEN
Skirt: ZARA
Shoes: GUCCI
Bag: Stella McCartney

ベイシックカラーこそ、アクセサリーで光を足す

全身ブラックとチャコールグレイのコーデ。こんなときこそアクセサリーやシューズの光が生きます。

Coat: Acne Studios　knit: UNIQLO　Pants: DRIES VAN NOTEN　Shoes: Church's
Necklace: HERMÈS

光るシューズやバッグ。黒や茶では重いかな？　と思ったとき、ほどよく抜け感を作り華やかさを足してくれる。

（バッグ上から）
Mika Sarolea、paco rabanne、
（シューズ上から時計回りに）
JIMMY CHOO, MAISON DE REEFUR, GUCCI, JIMMY CHOO

大人ならではの引き算コーデとは？

私が16年間アパレル企業で仕事をしてきて、いつも感じていたことがあります。お店のマネキンにディスプレイをしていると、服を着せただけでは何か物足りないので、帽子やアクセサリーを2つ3つ足すことになるのですが、同じものをお客様が試着すると（特に大人女性が着ると）、何か1つを外してちょうどいいと感じることが多かったのです。

その人の持っているオーラがアクセサリーがわり。パーソナリティーが確立してくる大人世代は、ごちゃごちゃ飾り立てる必要がないのだなあ、ということを、リアルにお客様から教えていただきました。

大人のおしゃれは、足し算より引き算です。ただし**どこか1ヶ所に「華」が必要です**。

例えば、大きなウィンドウディスプレイで3体のマネキンに服を着せる場合、真ん中のマネキンは特に目立つ色や柄や光り物を入れて、人の視線がとまる見せ場を作ります。映画のポスターで主役1人と脇役の2人計3人で写真を撮るのなら、主役に目がいく構図にしますよね。人が引きつけられるものは、必ず「ここを見てください!」と訴えかける「フォーカスポイント」があるものなのです。

服のコーディネートを考えるときは、「デザイン」「カラー」「素材」のうち、どれかでパッと目を引くものを使ったら、それ以外は潔く引き算するとうまくいきます。特徴のあるデザイン、目立つ色柄、光る派手な素材を1ヶ所使ったら、あとは抑えめにするということですね。そうすることで一層主役が引き立ち、「何を言いたいかが一目でわかる」コーディネートが完成します。

逆に、引き算しただけで何も目を引くものがないと、ただ地味でパッとしない人になってしまいますのでご注意を。

まずは引き算でシンプルな土台を作り、プラスワンで華を足しましょう。

^ **華やかなフラワープリントが主役**

イエローのフラワープリントにパッと目がいくシャツ。華やかで大胆なプリント柄を着こなすコツは、その他は渋く抑えめにすること。

Shirt,Pants: DRIES VAN NOTEN
Shoes: GUCCI

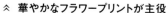

« 光る素材+オーガニックカラーなら、ニュートラルで明るい印象に

ゴールドとシルバーがグラデーションになった、インパクトのあるニットスカート。他のアイテムは、穏やかで植物のようなオーガニックカラーでまとめて。

Coat,Tops,Skirt,Bag: DRIES VAN NOTEN
Shoes: Maison Margiela

» 個性的な主役の他は、ベイシックに徹する

個性的なデニムスカートは、コーディネートいらず。主役を１つに絞って、他はシンプルに徹すれば、うまくいく。

Skirt: JUNYA WATANABE COMME des GARÇONS
Knit: BLACK BY MOUSSY
Shoes: adidas

ひとクセあるものを着こなせるのも大人の醍醐味

島田順子さんのコーディネートスナップをよく見ると、パイソン柄のパンツや網タイツにウェスタンブーツなど、「けっこう攻めてる」アイテムがさらっと使われています。なのにパイソンより島田さんご本人にちゃんと目がいく。服に着られている感をまったく感じさせないのがさすがだと思います。

こんなふうに、パンチの効いた少々きわどい服が、さらっと着られるようになるのも、大人ならではの楽しみではないでしょうか。

私がまだ20代の頃、会社の先輩からゴージャスなアストラカンの毛皮のコートを譲られて、そのコートを合コンに着て行ったことがあるんです。当然誰からもお声はか

からず（笑）、今考えると、怖いスジのお姉さんにしか見えなかったのだろうなあと思います。
その経験から、自分は毛皮を着ると「老ける&怖くなるタイプ」と思い込み、手を出すのをやめていました。が、50歳を過ぎたある日、お気に入りのブランドで派手な

ターコイズジュエリー1つで存在感抜群

ロンドンのアンティークマーケットで出合ったターコイズジュエリー。
黒ニットにさらっとつけたい存在感です。

knit: UNIQLO
Necklace: Vintage
Bracelet: HERMÈS

ヒョウ柄のフェイクファーのコートが目にとまり、試しに着てみたら拍子抜けするほど似合ってしまったのです。

ファーコート、どんなコーディネートをしようかしら？　と考えましたが、「毛皮だからよそ行き」ではなく、ニットキャップやスニーカーを合わせるような、カジュアルな着かたも面白いと思いました。肩の力が抜けたおしゃれってこういうことを言うのかも、とちょっと嬉しくなりました。

何ヶ月もかけてチームで作ってきた商品のプレゼンとか、舞台に出るとか、チーム全員がものすごく緊張状態にあるときに、気のきいたジョークをポロッと言って場を和ませてくれる人っていませんか？　大人の余裕ってこういうことかなあと思うんです。

ジャラッと大ぶりなコスチュームジュエリーや、ナンチャッテ風の大きなサングラス、大胆なプリント柄や蛍光色などが似合ってくるのは、遊び心やユーモアみたいなもの。若い頃はハードルが高かったアイテムが、余裕を感じさせるアイテムに変わるのも、大人ならではの楽しみです。

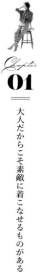

≪

インパクトコートは力まずさらっと

リッチな織り生地の個性的な赤いコートは、これ１枚で迫力十分。Ｔシャツとデニムを合わせて、力むことなくさらっと着るのも大人ならでは。

Coat: DRIES VAN NOTEN
T-shirt: PETIT BATEAU
Denim: LEVI'S
Shoes: JIMMY CHOO

≪

ときには思い切り色を楽しむ

海と太陽を思わせる、鮮やかなコントラストのスカート。さらに蛍光イエローのニットを合わせて、ときには思い切り色を楽しむ。

Knit: FOREVER21
Skirt: DRIES VAN NOTEN
Shoes: GUCCI
Bag: BOTTEGA VENETA

本物ジュエリーと
プチプラアクセの使い分け術

私がいつも身につけているのは、シンプルなアニバーサリージュエリーです。一粒ダイヤは、30代のときに夫から贈られたもの。ボールチェーンは、娘と行ったシンガポールでおそろいで買いました。コインのペンダントヘッドは、私が学生時代に家庭教師をしていたお宅のご両親が、辞めるときに記念にとプレゼントしてくださったものです。

こうしたシンプルなアクセサリーは流行りすたりがまったくないので、半世紀以上たっても現役で活躍中です。１つ１つに思い出があり、ささやかですが私の歴史がつまっています。

インドの女性は皆、褐色の肌によく似合うゴールドのアクセサリーを、いくつもいくつも重ねづけしていますよね。あれは政情不安からで、いざというとき全財産を持って逃げられるという、生活の知恵です。貨幣は突然価値がゼロになるかもしれないし、不動産は持ち出すことができません。インドの女性は普段から貯金をしてはこまめにゴールドを買い、母から娘へと受け継いでいるのです。

日常使いできるシンプルなジュエリーは、品のいい輝きと存在感で、白シャツとデニムの普段着も格上げしてくれる気がします。

一方で、私がいつもつけている大きなピアス類は、ほとんどがフェイクのプチプラ品です。ショートヘアにして、ピアスのおしゃれが楽しめるようになったので、思い切った大きさのインパクトのあるもの、ちょっと変わったデザインのものを楽しく選んでいます。疲れているときに、大きく目立つピアスをしていると、そこに視線が集まって顔も明るく見えるので、お疲れ顔が目立ちません。

本物のジュエリーはお出かけ用、プチプラのアクセサリーは普段使いと区別していらっしゃる方もいると思いますが、私は逆です。本物こそ普段に使ってカジュアルを格上げ

プチプラなら、派手で大ぶりなアクセサリーにも気軽に挑戦できます。必要になってから探すより、目についたものをちょこちょこ買い足すようにしています。

し、派手なプチプラは、ちょっとしたパーティードレスに加えると、遠目でも目立って効果的です。また、本物とプチプラのアクセサリーは、どんどんミックスしてみましょう。大人が全身にハイジュエリーをジャラジャラつけていると、どうしてもお金持ちっぽい迫力が出すぎ、全身フェイクだと安っぽくなりすぎます。

ネックレス、ピアス、指輪、ブレスレットを全部つけるのもNG。存在感のある大人がやると、見どころ満載すぎてうるさいので、1～2ヶ所に絞って1つ1つを目立たせましょう。

⩕ パーティーのときこそ、プチプラの存在感を

オレンジが印象的なドレスと胸元のネックレスはZARA。パーティーのときこそ遠目でもはっきり目立つ存在感が欲しい。

Dress, Necklace: ZARA　Bag: DRIES VAN NOTEN　Shoes: JIMMY CHOO

お守りがわりに日常使いしているアクセサリー。本物こそ普段にどんどん使ってカジュアルを格上げします。

»
腕や首まわりの肌が大きく露出する夏は、大ぶりなアクセサリーのほうが見栄えがします。リゾートにもぴったりな夏らしいデザイン。

服を着てから靴を選ぶという発想を捨てる

足が痛いほどつらいことはありません。私もアパレル企業にいた頃は朝から晩まで9センチヒールを履いていましたが、私の足は25センチと大きく、幅が細くて甲が低いので、ぴったりとフィットする靴に長い間巡り合えず、うおのめ、たこ、巻き爪とトラブルのデパートのようでした。

足は第2の心臓といわれますから、こんな無理が体にいいはずはありません。足が痛いと眉間にシワがより、腰が引けて猫背になる。どんなにデザインが良くても、生活に無理のある靴を履いて姿勢が悪くなっている人は、おしゃれに見えません。

まずは、服を着てから靴を選ぶという発想を変えましょう。

あなたが毎日快適にすごせる靴はどんな靴ですか？　毎日自転車に乗る女性なら軽

快なフラットシューズかもしれませんし、子供の公園遊びが日課のお母さんならスニーカーかもしれませんね。ライフスタイルに無理がなく、快適な靴。その靴を中心にコーディネートを考え、ワードローブを整えればいいのです。室内で履物を脱ぐ習慣のある日本人は、服を決めてから足元を決める方が多いですが、それは逆。**足元が決まれば自ずとファッションも決まります**。

フラットシューズにも、かっちりキマるローファーや、スポーティーなドライビングシューズ、エレガントに履けるバレエシューズなど、さまざまなものがあります。あなたが履きやすく好みのテイストから「マイ定番」を選びましょう。仕事にも、ちょっとしたお食事にも、旅行にも履きたくなる靴かどうかが基準です。

私の定番のフラットシューズは、グッチのビットローファーです。30代でこれにたどり着いてから、今は3代目。ということは1足10年履いたことになりますね！　さすが石畳の国イタリアの靴、旅行先でガンガン歩いてもビクともしないし、ちょっといいホテルでも堂々としていられます。レザークリームでお手入れをすれば、革は驚くほどしなやかなまま。私の少しマニッシュな服の好みにもぴったりです。

普段履かないヒールに大金を払い、普段はどうせ汚れるからと適当な靴でごまかしていたら、1年の大半を適当なコーディネートですごすことになってしまいます。普段履く靴こそ、服よりきちんと予算をかけるべきです。

ローファーは
ゆるコーデの引き締め役

スウエットと、ウエストゴムのゆるりとしたパンツコーデの足元は、きちんと感のあるローファーで引き締め、カジュアルをきれいめに仕上げる。

Tops,Pants: DRIES VAN NOTEN
Shoes: GUCCI

« メンズっぽいワークパンツほど足元はきゃしゃに

メンズっぽいカーキのカーゴパンツは、ロールアップして足首を見せ、きゃしゃなバレエシューズを合わせると、子供っぽくならない。

Blouse: HYKE
Pants: Shinzone
Shoes: CHANEL

» 学生靴にならないローファーの着こなし

学生靴にならないローファー使いのコツは、真逆のフェミニンなスカートを合わせること。足首が見えるくらいのマキシ丈とのバランスがいい。

Shirt: UNIQLO
Skirt: AP STUDIO
Shoes: GUCCI

細身パンツは、甲浅バレエシューズで脚長効果あり

細身のパンツの足元も、バレエシューズならスッキリ。足の甲が脚の肌とひと続きになり、脚長効果が狙えます。

Tops,Shirt: JUST JOY　Pants: GALERIE VIE　Shoes: CHANEL

Column 01

大人のパンプス・ミュール・ブーツ選び

体型が一人一人違うように、足の大きさや形も人によって違います。多くの靴のブランドにはもとになる木型があり、自分の足との相性がいいことが何より重要だと私は思います。足は体と違ってあまり太ったり痩せたりはしないので、一度合う靴のブランドや木型を見つければ、一生の相棒になってくれます。

67ページの写真のジミー チュウのパンプスは、私の足にぴったりの、数少ない木型の靴です。履き心地が楽でダッシュできるのに、女性らしい足元になる。まさにシンデレラフィットでした。

新しい靴を買ってもどこかが当たる、足が痛くてヘトヘト、そんなことを繰り返していましたが、この靴に出合ってから、もうそんな無駄なことをするのはやめようと思いました。多少高くても、ジミー チュウのセールの機会を狙って少しずつ買い足し、大切に履く。失敗がなくなり、時間とエネルギーもずいぶん節約できました。

ブーツで木型が合うのはメゾン マルジェラのＴａｂｉブーツです。こ

⌃（左）エンジニアブーツ：BARNEYS NEW YORK（右）Tabi ブーツ：Maison Margiela

れは1988年のマルジェラのデビューコレクション以来、ずっと売られ続けているロングセラーです。裏張りをして大切に履いていますが、デザインや木型が変わらないので、たとえ傷んだとしてもいつでも買い換えられる安心感があります。

靴は服以上に、たくさんのブランドやデザインを無理に持つ必要はないと思います。靴のデザインの幅を広げすぎると、服のコーディネートも複雑になってしまいますから。自分に合う木型である程度絞り込み、同じ形で色や素材を変えてバリエーションを楽しむやり方もあるのではないでしょうか。

(左上から時計回りに)ビットローファーファー付きブラック: GUCCI　ビットローファーホワイト: ZARA　ビットローファーブラック: GUCCI　パンプス（スエード）: JIMMY CHOO　パンプスブラック: JIMMY CHOO　バレエシューズ: CHANEL

大人の爽やかセクシーはシャツで作る

かなりの高確率で女性に嫌われる着こなしが「谷間見せ」です。わかりやすいフェロモン作戦なのか、それとも健康美アピールなのか。「これ、何目線？」って多くの女性が思ってしまうことを、わざわざやって女性の敵を増やすのは損ですよね。

もう1つ取り扱い注意なのが、フェミニンなフリルやレース、ミニスカートなどです。フリル、レース、ミニスカートは女の子用の子供服にも多用されるディテールですね。それだけに、使いすぎると甘さ過剰、若作り、イタイと思われてしまうこともあります。フリルやレースは取り入れるなら1点、ポイントを絞って使うのがちょうどいいと思います。

このように、女性性や幼児性を感じさせるアイテムを使いすぎると、大人女性が損することはあっても得することはありません。女性は女性に嫌われたら生きづらいじゃありませんか。また男性目線なら好評かと思いきや、男性も結婚相手やビジネスパートナーには、わかりやすいフェロモンやかわいらしさより、知性や人柄を求めるもの。結局どちらを向いても損しかない、ということになってしまいます。

「秘すれば花」

大人の女性らしさ、セクシーさは**「隠れた部分が見えそうで見えない」くらいがちょうどいい**んです。

私がおすすめしたいのは「シャツ」です。シャツはもともと男性の下着だったアイテムですから、男性的でキリリとした表情を持っています。ピシッと立った襟元からのぞく細い首筋やうなじ、カフスや袖をちょっとまくったときに見える細い手首。男性とは違う生き物だということを実感できるパーツが服に隠されている、という状態が、爽やかなセクシーさを生みます。

大人は肉が下がってデコルテが痩せてくる方も多いので、シャツは年齢を重ねた女性のほうがむしろ似合う、おすすめのアイテムです。

» **洗濯すると白っぽくなる**
ブラックシャツは、
プチプラで

シャキッとシャープな表情のユニクロのメンズシャツを愛用中。

Shirt: UNIQLO
Skirt: noir kei ninomiya
Shoes: Robert Clergerie

« **爽やかセクシーは、**
シャツをどう着るかがポイント

シャツの胸元と手首を見せて、シャツを女性らしく着こなす。こんなときのアクセサリーは少し多めにし、光を足して。

Shirt: CDG
Denim: LEVI'S

おしゃれをしないほうが
おしゃれなときもある

私の過去の黒歴史を少々。娘の保育園で運動会があったときのこと。終了後にその足で会社に行こうと思っていた私は、運動会にいつもの9センチのハイヒールで出かけたんです。ほどなくしてこんなお子さんの声が聞こえました。

「あーアリの巣がいっぱい！」

ハッと気づくと、土の園庭には私の細いヒールがぶすぶすと開けた小さな穴が無数にありました。周りのお母さんたちは失笑です。ああ、穴があったら入りたい！　当時の私は、いかに子供の行事をこなして仕事場へ駆けつけるかで頭がいっぱいだったんです。

またあるときの保育園の保護者会。

「本当に網タイツはいてる人、初めて見たわ！」

と、ママ友に指をさして大声で言われてしまったこともあります。

「仕方ないでしょうがっ。私はこれから仕事に行かなきゃいけないのっ！」

心の中で悪態をつきながら、子供関係の集まりのたびに気が重くて重くて。

今思えば、そのときだけ運動靴やナチュラルストッキングにして、会社でさっとはき替えればよかっただけの話なんです。それができなかったのは、私自身の余裕のなさや視野の狭さから。**「周りへの配慮あってこその大人のおしゃれ」**という気持ちが欠けていたんですね。

お子さんの入学式や卒業式で、どんなセレモニースーツを選んだらいいか、似合うスーツの見つけ方、着回し法といった質問もよくいただきます。

そもそも入学式や卒業式って誰のものでしょう。式の主役はあくまで子供。親は、花を生ける花器のようにそっと寄り添い、子供の成長を願いつつ、

「これからお世話になります。どうかうちの子をよろしくお願いします！」

と、学校や先生に最大限の敬意を込めてご挨拶する立場です。

ですから、似合う似合わないや着回しは脇に置いておいて、清楚で過剰な装飾のないきちんとしたスーツを着ていれば、それでいい。むしろそのほうが品格を感じさせます。


微妙にダサいママ紺スーツやナチュラルストッキングで保護者会に行く姿を、できれば会社の人には見られたくないなあなどと当時は思っていましたが、ママ紺スーツを卒業した今になって思います。「母親という役割を楽しませてくれてありがとう」って。

イット・バッグは生鮮品

「ハイブランドのイット・バッグを買いたいけど、おすすめはありますか？」

ブログにこんなコメントをいただくことがあります。イット・バッグ（It Bag）は、シャネル、フェンディなどのメゾンの高価なバッグのこと。かなりのお値段なので、買うのにはちょっと勇気が必要ですが、「おねだり」でなく「自分で買った」と言える背景がある大人だからこそ、自然に似合うのだと思います。

ただし、イット・バッグは、高価なわりに使える年数はそう長くはありません。

シャネルのマトラッセ、エルメスのケリーやバーキンのように、「作られたときも今も、まったく同じデザインで売られているバッグ」は、もはや宝飾品レベルなので一生ものですが、ほとんどのイット・バッグは流行の最先端を行くブランドが作るわけですから、超トレンドアイテム、「生もの」のようなものです。

こうしたものの宿命として、10年以内に確実に古くなり、ブランド名や製造年月が一発で人にわかります。なので、もしとても気に入ったイット・バッグがあったら、**できるだけ出始めたばかりの頃に買うのがいい**と思います。本当に気に入ったものを5～10年間ととことん使い倒せて、毎日テンションが上がるなら、十分に元は取れるのではないでしょうか。

トレンドやデザイン性を楽しむアイテムですから、必要なものが入り機能性が伴っていれば、無難なベイシックデザインでなくても、好き！　という感覚を優先して選んでいいと思います。ただし、イット・バッグをたくさん持ちすぎると、使用機会が少なくなり「使わずに古くなる」こともありますから、厳選して持ちたいですね。

イット・バッグは気軽には買えませんが、ちょっと背伸びした分おしゃれに緊張感や自信をくれるもの。人との優劣ではなくて、自分に高揚感や元気をくれるバッグ。大人こそが堂々と持つべきだと思います。

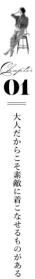

Column 02

バッグの中身も進化させる

⌃ **今の私のヘビロテバッグ** （上から）BOTTEGA VENETA　COMME des GARÇONS
Stella McCartney

最近どのブランドでも、小さいバッグが増えました。

大人女性の中には、

「あんなかわいバッグを持ってみたい。でも私の荷物の量ではとても無理だわ」

と言う方が少なくありませんが、果たして本当にそうでしょうか。

こんなふうに思う私も、若い頃は「いつでも出張に行けます」と言えるほど、毎日大きなルイ・ヴィトンのトートバッグにいろいろなものを詰め込んでいました。でも、年齢を重ねるほど、重い荷物は疲れるし、バッグの中にたくさんものが入っていると、老眼の目では、暗い場所で目的のものを探すのが難しくなってきたんです。

そこで私が地道に取り組むことにしたのが、定期的な持ち物の見直しです。

ソーイングセットや替えのストッキング。いつでもコンビニに飛び込める都心に住んでいる私が、本当に持ち歩く必要がある？　出先でアイメイクを直した試しがないのに、アイシャドウはないとダメ？　そうやって1つ1つ、持ち歩くものの必要度を見直すことにしました。

もう1つは持ち物のダウンサイジングです。長年使ってきてこのサイズじゃなきゃダメ！　と思っていた長財布も、思い切って小さい財布にかえてみたら、なんの不自由もありませんでした。パスモもカードもスマホに入っていますからね。

今、哺乳瓶やおむつの入った大きなマザーズバッグを持ち歩いている方も、一生その荷物を持たなくてはいけないわけじゃありません。自分の成長とともに本当に必要なものは変わっていく。バッグの中身にも卒業があると思うのです。

バッグが軽く小さくなると、体力に余裕が出て寄り道してみたくなる。そんなことから世界が広がるかもしれません。

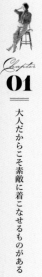

ブランド品の知的な買い方

皆さんは、ハイブランドの服や小物をどこで買いますか？　メルカリ？　ブランドディスカウントショップ？

若い頃は私もそうしたところで1円でも安くブランド品を手に入れたいと思っていました。ブランドのロゴがわかりやすくついたバッグや靴を身につけて、「こんな素敵なハイブランドを着ている私」という高揚感やちょっとした優越感に浸れる。でもハイブランドの楽しみ方って、もっと奥が深いんです。

サンローランもシャネルも、「オートクチュール」というオーダーメイドの1点ものを作るブランドです。工場ではなくアトリエの中、手仕事で作る縫い子さんを大勢かかえ、世界中の顧客がドレスを作りに自家用ジェットで訪れる。時代をリードするデザイナーと、熟練の技術者と、最高級の素材で作り上げるまばゆい世界。過去に制作されたドレスが、アーカイブコレクションとして美術館に展示されることも多く、そこには長いブランドの歴史の中で受け継がれてきた、独自の世界観があります。

それをもう少し一般の消費者が買いやすいようにしたのが、プレタポルテのラインです。それでも、サンローランもシャネルも、販売している店のほとんどが専門店です。セレクトショップで気軽に買えるわけではありませんよね。ブランド専任のショップスタッフがお客様に直に説明して、ブランドの素晴らしさや世界観を伝えたい、共感してくれるファンを増やしたいと思っているからです。

ですから大人世代のあなたには、一度は正規のショップでお買い物をしてみることをおすすめします。高額品を扱うハイブランドには、ていねいで高度な接客力が求められます。一流のサービスを体験してみる絶好のチャンスでもあるのです。

私のお気に入りのヒョウ柄のコートは、ステラ マッカートニーのもの。イギリスのメーガン妃のロイヤルウェディングのときにも、シルククレープのホルターネックのウェディングドレスを作った、イギリスを代表するデザイナーのブランドです。

ヒョウ柄のコートの袖には「FUR FREE FUR」と書かれたタグがついていて、私はこれを外さずに着ています。ステラ・マッカートニーは2001年にブランドを作ってから、かなり早い段階でサステナブル素材やリアルファーを使わないものづくりを打ち出していて、私はその考え方をリスペクトしているからなんです。

「わかりやすいロゴを買う」から「ブランドの世界観を買う」へ。「それどこの?」「サンローラン」だけではなく、ブランドのヒストリーやこだわりポイントが語れたら楽しいじゃありませんか。若い頃とは違う大人の買い方だと思います。

Chapter

02

新しい「自分のスタイル」の作り方

げっそり痩せはげっそり老ける

「痩せたら着たい」

「もう少し痩せたらおしゃれをする」

そう思っている方、希望を打ち砕くようでこんなことを書くのは大変気がひけるのですが、はっきり言います。その「痩せたら」が実現する可能性は、限りなく低いです。

なぜって、人は大人になればなるほど代謝が下がり、痩せにくい体になっていくからです。**若い頃に痩せられなかった人が、代謝が落ちた大人になってから、急に痩せられるわけがありません**。そして、万が一痩せられたとしても、「きれいに痩せる」は至難の業です。

私自身の「げっそり老けた」話をします。

35歳で出産をして真っ先に思ったのは「とにかく痩せなきゃ」。アパレル企業ではサンプル品を展示会で着ることもあり、9号を着られないと仕事に支障をきたすからです。出産当時管理部門にいた私は、体が戻らないと現場への復帰もできないと危機感をつのらせました。その当時の私のスイッチの入り方はちょっと異常でした。

食事はわずかなリンゴと水だけ。スポーツジムに行くことができなかったので、発汗スーツを着込み、ちょうどいいウエイトがわりと娘を抱っこしながら風呂のイスで踏み台昇降を1日何時間もやりました（これは振動で娘が寝てくれるので、一石二鳥でした。笑）。母乳をあげていたこともあり、私の体重はみるみる落ちました。出産前の体重よりマイナス5キロ。ああよかった元どおりと、産後6ヶ月で仕事に復帰したのです。

「……体、大丈夫？」

「む、無理しないで」

周りは、復帰した私の姿を見て絶句し、口々に体調の心配をしてくれました。そうこうしているうちに、髪が抜け、肌が粉を吹くほどシワシワになり、前歯まで抜けた

ときはさすがに焦りました。当時の私は職場復帰というより、墓から俗世に復帰したゾンビみたいに見えたと思います。私が人生でいちばん急激に老け込んだ時代です。

こんな無知で無謀なダイエットをするのは私くらいかもしれませんが、「痩せる＝きれいになる」の価値観にがんじがらめにされてしまうと、痩せなければ美もおしゃれも手に入らないことになってしまいます。でも大人にとって「痩せる」と「老ける」は隣り合わせであり危険です。大人が最も気をつけなくてはならない、落とし穴だと思います。

大人は服で体型補正する

とはいえ、お肉が下がり緩みがちな大人女性、若い頃と同じようにどんな服でもパッと着てパッときれい、ありのままで美しい、というわけにはいかなくなります。

まずは、最低限の筋肉をつけることが大切だと思います。筋肉は脂肪より重いので体重は減りませんが、体が引き締まることで輪郭がシャープに見えるので、痩せ見え効果があります。筋肉、特に腹筋背筋がついて体をしっかり支えることができていると、背筋が伸びて姿勢も良くなり、立ち姿もしまって見えます。

次に私がおすすめしたいのは、「服で体型補正をすること」です。

「服で体型補正をする」方法は2つあります。

1つは、補正効果のある服を着ることです。

日本古来の着物は、布を平面的に仕立て、帯を締めて着るものですが、西洋の洋服はまったく逆の発想で、平面の型紙や布地をボディーにあてがい、立体的な形に作り上げます。服はブランドごとにある程度理想の体型を想定して作られているので、私たちがその服に体を合わせていくと、自然に理想の体型に近づいていく。つまり服はスタイルのいい鎧みたいなものなんです。

特にパターンのいいコートやジャケットは、体型補正効果抜群。なのに窮屈さや動きづらさがないのが、いいパターンの服の特徴です。「楽チン」ばかりに流されず、背筋がしゃっきり伸びる服にも、たまには袖を通すことが必要です。

もう1つは、体型補正効果がある（スタイル良く見える）サイズ感とコーディネートで服を着ることです。

「どんな服を買うか」だけに目がいく方が多いのですが、重要なのは、あなたの体型に合わせて**「どんなふうに着るか」**と**「どんなサイズ感で着るか」**です。

どんな服を選ぶか、と同じくらい大切なこと

誰かのおすすめ通りに服を買ったのに、私が着るとなんだか微妙。そんな経験はありませんか？

それ、もしかしたらサイズが合っていないのが原因かもしれません。特に、細身のテーラードスーツや、細い糸のニット、細身のすっきりしたパンツやスカートなど。ダボッとカジュアルではなく、スッキリきれいめな組み合わせで着たい服は、服が体に合っていないと、とてもやぼったく見えます。

ジャケット、コート

ジャケットやコートは肩で着るもの。肩山から肩が外に飛び出すことなく、自分の肩の上にきれいにのっているかどうかをまずは確認しましょう。ジャケットの肩先をつまんで1センチ程度のゆとりがあるのが理想です。

ジャケットの肩が小さいときは、肩から脇にかけて斜め方向にシワがよります。また、前ボタンをとめたときに、ボタンをまたいでX字型のシワがくっきり見える場合は、バストやウエストがきついということ。それから、後ろ身頃の襟下部分に横ジワが出たら、体の厚みに合っていないということです。

ジャケットの丈は、ヒップの真ん中くらいが基本です。

パンツ、スカート

パンツはまず丈をチェック。男性のスーツは「ワンクッション」といって、パンツの裾口が靴の甲に軽く触れるくらいが適切ですが、女性はそれだと長すぎます。フルレングスのパンツの場合は、ギリギリ裾が甲につかないくらい。もっと軽快なパンツスタイルの場合は、くるぶし丈が理想です。

簡単な裾上げは、試着し購入を決めたらその場でお願いしましょう。パンツやスカートの丈詰めのときは、その服に合わせる靴を履いて調整してもらうのがベストです。今日はたまたまスニーカーだけど、この服にはパンプスを合わせたい、というときは、お店の方に「5センチくらいのヒールのパンプスを合わせたいので、靴を貸していただけますか？」と言ってイメージに近いものを出してもらいましょう。

通販の場合は、スタイルがよく見えるちょうどいいフィット感のパンツの股下やワタリ寸を測っておくといいですね。

プチプラで、細身のパンツを色違いで2本3本と買うより、きちんとお直しして抜群にスタイルよく見えるパンツを1本持つほうが価値が高いです。

体型の悩みはシルエットを整えて解決する

太ってきた

以前は9号、今11号というタイプの方にありがちなのが、「入ったから9号を着る」という失敗です。

ゆとりがなく、不自然な横ジワが入るようなサイズの服は、窮屈そうな様子がかえって肉感を強調してしまいます。まずはサイズアップを恐れないことを心がけましょう。

【細いものより太いものでカバーする】

例えば二の腕の太さが気になる方なら、無理に細い袖の服を着るよりドロップショルダーや太めの袖でふんわり隠してしまうのがおすすめです。また太ももまわりやヒップまわりがふくよかな方も、ウエスト下にゆるっとしたゆとりのある、とろみパンツやワンピースなどでカバーしましょう。

ただしその際、二の腕を隠したらそれより細い手首を出す、太ももやヒップまわりを太いパンツで隠したら、髪をアップにして襟ぐりが詰まっていないトップスを合わせ、細い首を強調します。

気になる部分のカバーと同時に、細いパーツとのコントラストをつけ、細い部分に目がいくように誘導しましょう。

気になる二の腕をカバーする

肩が腕方向に落ちたラグラン袖で、ゆったり広がるパフスリーブは、エレガントかつ二の腕をスッキリ見せる効果あり。

Tops,Pants: DRIES VAN NOTEN
Shoes: JIMMY CHOO
Bag: COMME des GARÇONS
Stole: GALERIE VIE

二の腕をカバーするなら、アームホールから腕まわりがまっすぐで太いタイプのトップスがおすすめ。

Tops: DRIES VAN NOTEN
Skirt: ZARA
Shoes: adidas
Bag: Stella McCartney

太もも・ヒップをカバーする

気になる下半身は、ハリ感のないとろみ生地のワイドパンツでゆるくカバーし、上半身はシャツでスッキリと。

Shirt: Frank & Eileen
Pants: Otto ミランダかあちゃんコラボ
Shoes: JIMMY CHOO
Bag: Stella McCartney

全身をふわりと包むゆったりドレスは、縦ラインを強調しつつ、気になる下半身も自然にカバー。

Dress,Bag: ZARA
Knit: PLAY COMME des GARÇONS
Shoes: BARNEYS NEW YORK

【短いものより長いものでカバーする】

「横線」より「縦線」が強調されるようなコーディネートを意識しましょう。

トップスとボトムスを上下同系色にしたり、セットアップにしたり、丈の長いロングシャツやロングワンピースを選んだりなど、他人の目線が上から下へと、縦に流れるようにすると、スラリと見えます。

ベルトなどでウエストマークする場合は、横幅を強調する太いベルトや、差し色になる目立つ色のベルトではなく、細くてさりげないベルトや服と同系色のベルトを選ぶのがおすすめです。

横線より縦線でカバーする

誰でも簡単に縦ラインを作れる、ロングシャツ

ロングシャツは縦ライン強調の強い味方。パンツも同系色でさらに縦長ラインを引き伸ばし、スッキリと着こなして。

Longshirt: TICCA
Pants: Acne Studios
Bag: COMME des GARÇONS
Shoes: Maison Margiela

トップス、ボトムス、シューズを同色にして縦長ラインを作ったら、その上から縦長のロングカーディガンを重ねることで、さらに縦長Iラインを強調。

Shirt: UNIQLO
Pants: 1er Arrondissement
Knit: Acne Studios
Shoes: Maison Margiela
Bag: DRIES VAN NOTEN

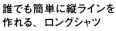

痩せすぎ

年齢とともに痩せて貧相に見えるようになってきたというお悩みも、実は大人女性には多いです。

このお悩みの場合、シンプルすぎるものや細身すぎるものは、寂しげに見えてしまって損。トップスかボトムスどちらかにボリュームを持たせたり、どちらかにデザインポイントや装飾のあるものを入れて、盛りポイントを作るようにしましょう。

【ボリュームのメリハリを意識する】

トップス＋ボトムスのシルエットは4種類あります。

❶ トップス　大きい（太い）＋ボトムス　大きい（太い）

❷ トップス　大きい（太い）＋ボトムス　小さい（細い）

❸ トップス　小さい（細い）＋ボトムス　大きい（太い）

❹ トップス　小さい（細い）＋ボトムス　小さい（細い）

トップスにボリュームで寂しく見せない

このうち、痩せすぎさんにおすすめなのは❹以外の組み合わせ。トップスかボトムスどちらかにボリュームを持たせることで、メリハリが生まれ寂しくなりません。

また背が高い方なら❶のシルエットも着こなせます。上下とも、服の中で体が泳ぐくらいのサイズ感を選ぶと、わずかに見える細い首すじや手首が、寂しくなく女性らしさを強調してくれます。

上半身にボリュームを持たせた、ゆったりニット

たっぷりした大きめニットで、トップスに大きなボリュームを出します。全体を淡い色や暖色系にするのも、寂しげに見えないコツ。

knit: AP STUDIO
Skirt: DRIES VAN NOTEN
Shoes: GUCCI
Bag: VALENTINO

ボトムスにボリュームで寂しく見せない

トップスはコンパクトにスッキリと。ボトムスはボリュームのあるワイドパンツで、迫力を出す。

Tops: Stella McCartney
Pants: DRIES VAN NOTEN
Shoes: ZARA
Bag: VALENTINO

【色柄デザインのメリハリを意識する】

思い切ったデザインものや色柄ものを着こなせるのも、痩せすぎさんタイプの方の特徴です。服の組み合わせが④だったとしても、首元に華やかな色柄の大判ストールをふわっと大きく巻くだけで印象が変わります。

色・柄・デザインでメリハリをつける

上半身にもう少しボリュームを出したい。そんなときは大判ストールを活用して。目立つカラーを使えば、さらに上半身が目立ち、背が高く見えるコーディネートに。

Knit: Stella McCartney
Skirt: DRIES VAN NOTEN
Shoes: adidas
Scarf: HERMÈS

インパクトのあるフラワープリントでボトムスを強調したら、トップスはブラックの端正なシャツでクールに引き締める。

Shirt: UNIQLO
Pants: DRIES VAN NOTEN
Shoes: JIMMY CHOO
Bag: SAINT LAURENT

背が低い

小柄さんは、背を高くスラリと見せるために、目線を上へと誘導するのがポイント。おすすめしたいのは、❷の組み合わせ。

ボリュームシャツやニットで、上半身にポイントを持ってきて目立たせ、下半身はすっきりと細くまとめると、全体のバランスが整います。

【上半身の盛りポイント】

上半身はボリュームを出す以外に、有効なのが小物使いです。帽子をかぶる、スカーフをターバンなどのヘアアクセサリーとして使う、サングラスやだてメガネをかけるなどです。首から下のコーディネートに目を奪われがちですが、頭は全身の2割を占めます。バランスを整えるために、ぜひ有効活用してみましょう。

上半身にポイントをつける

トップスがシンプルなときは、ジレを重ねてみるのも有効。上半身のポイントで目線が上に誘導され、スタイルアップ効果があります。

Shirts: Deuxième Classe
Gilet,Pants: DRIES VAN NOTEN
Shoes: JIMMY CHOO

思い切りショート丈のトップスも、小柄さんにおすすめしたいアイテム。シャツドレスを合わせればヒップまわりもさりげなくカバーできます。

Knit: HYKE
Dress: Whim Gazette
Shoes: GUCCI
Bag: DRIES VAN NOTEN

【だぶだぶNG】

袖丈や着丈が合っていないまま着ているというのも、小柄さんに多い失敗パターンです。

袖が長かったりパンツの丈が長いのをそのまま着たりしていると、あまった部分が目立ってしまい、余計に小柄なのが強調されてしまいます。必ずこまめにお直しをして、数を持つより、ぴったりと体に合った服を1着でも多く持つようにしましょう。

また、場合によってはキッズサイズから探してみるのも手だと思います。

顔が大きい

小顔に見せる最大のコツは、顔まわりのものを大きくすること。例えば肩パッド入りのカチッとしたジャケットを着たり、大きな帽子をかぶったりすると、対比効果で、顔は小さく見えます。

【大人は要注意な小顔アイテム】

「小顔に見える」と最近若い方に人気なのがフーディー（昔で言うフーデッドパーカー）ですが、これは大人世代にとってはちょっと注意が必要です。

最近のフーディーは、小顔効果があるようにと、フード部分に厚みがありしっかりと立ち上がるように作られているので、顔まわりに大きいものを持ってくる効果はあるものの、肩まわりの肉付きがいい方が着ると、首が詰まってかえってすっきり見えないからです。

【大人におすすめの小顔アイテム】

ズバリ、大判ストールやマフラーなどの巻きものです。大判なので、巻くとしっかりとしたボリュームが出ますが、首まわりのあき具合は自分で調節できるので苦しそうに見えません。何通りもの巻き方ができるのも、ストールのいいところ。ベストバランスな巻き方を、全身が映る鏡で調節してみてください。

脚が短い

「八頭身」というのは、芸術分野で美しい人体バランスを研究した結果、導き出されたベストバランスです。どんな体型の方でも「小さい頭と長い手足」は、スタイルアップの大原則。ウエスト位置を上げる、脚そのものを長く見せる、の2つで考えましょう。

【ウエスト位置を上げる】

大人世代はトップスをウエストインするのを敬遠する方が多いのですが、お腹まわりは隠せても脚が短く見えてかえって損をしてしまいます。最近は上手にタックが入り、お腹まわりを自然にカバーするボトムスもたくさん出ていますので、そうしたボトムスを選び、トップスをウエストインして着てみてください。また、ハイウエストのスカートやパンツも、見た目の重心が上がり脚長効果抜群です。

ウエスト位置を上げる

ハイウエストパンツは、スタイルアップの王道。腰まわりにゆとり感のあるワイドパンツを選べば、トップスをウエストインでき、ますます脚長に。

Knit,Pants,Bag: DRIES VAN NOTEN
Shoes: CHANEL

ウエスト位置を上げる

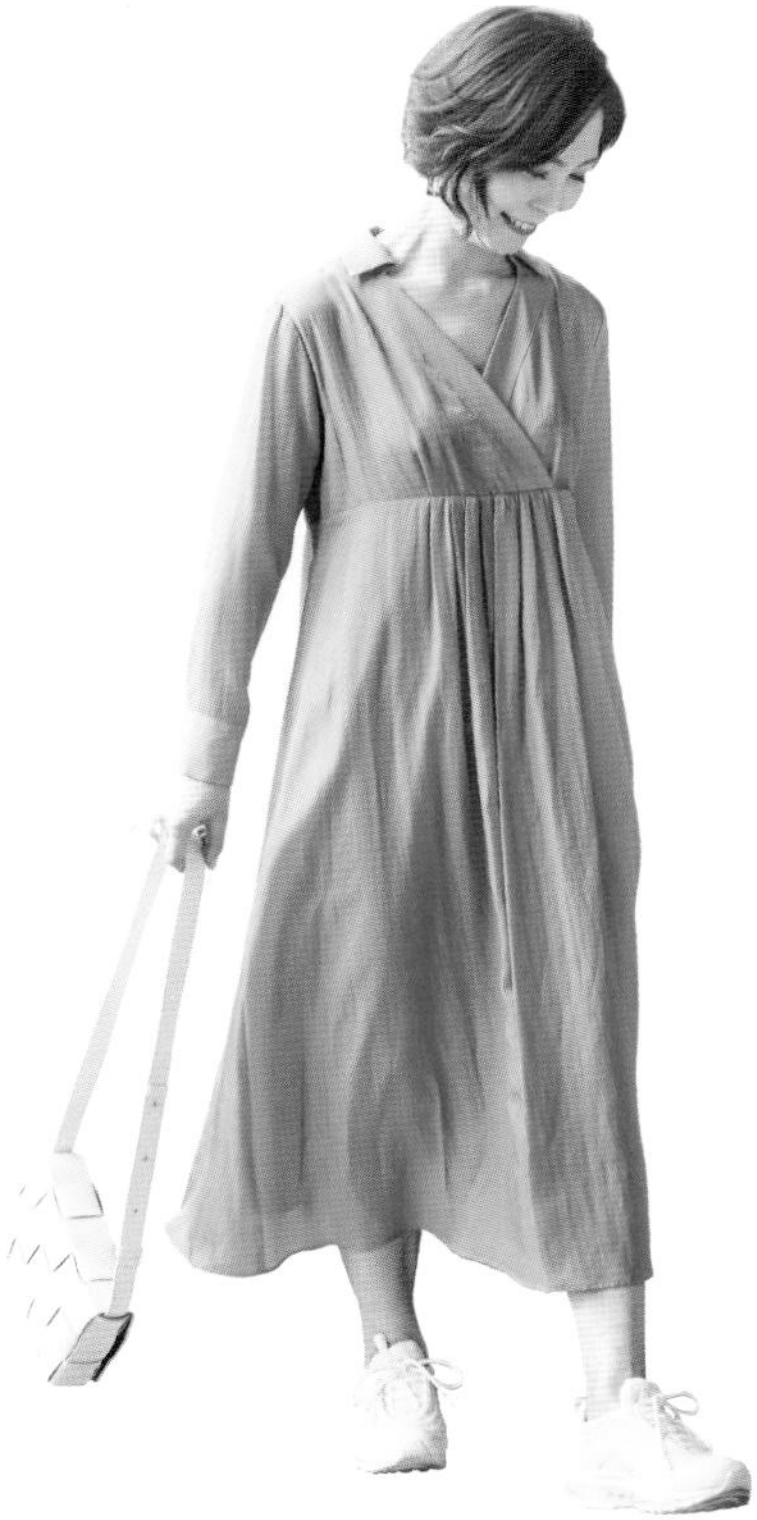

ウエストまわりにギャザーやタックが入ったボトムスを

ウエストインしやすい薄手のトップスを、一度ウエストインしてから軽くブラウジングして、お腹まわりをカバー。

Blouse,Pants: JUST JOY
Shoes: CHANEL
Bag: ZARA

ハイウエストドレスは、着るだけでスタイルアップ

ウエスト位置が高いドレスは、重心位置が上がるため、背が高く脚が長くバランスよく見える、スタイルアップの強い味方。

Dress: JUST JOY
Shoes: NIKE
Bag: BOTTEGA VENETA

【面で支える靴選び】

脚長効果は欲しいけれど、ハイヒールはしんどくて。こう考える大人女性は多いと思います。ハイヒールは細いかかとと細いつま先、接地部分の面積が少ないために、どうしても不安定で足にかかる負担が大きくなります。

そこで私がおすすめしたいのは、プラットフォームシューズや、厚底サンダル・スニーカーです。つま先からかかとまで底が平らなために、体重を面で支えてくれて安定感が抜群です。コーディネートをちょっとスポーティーにする効果もあるので、これまでカジュアルが苦手だったという方にも、ぜひ試していただきたいアイテムです。

Column 03

大人のおしゃれに取り入れたいスニーカー

⌃（写真中央）どんな服とも相性抜群の adidas Stan Smith、（写真左と右）ソールやボリューム感で遊んだ Stella McCartney。

おしゃれにいちばん大事なもの。それはスタイルの良さでも美しい顔でもなく、「美しい姿勢」です。

何気なく立っているように見えるモデルは、実は何日もかけてただ美しく立つためだけの練習をします。足に無理や負担がかかる状態で、美しく立つことなんてできません。ですから大人女性にはまず「無理なく立つ」ことをおすすめします。そのために欠かせないのがスニーカーです。

昔「運動靴」だったスニーカーは、今やファッションアイテムの1つとして欠かせないものとなりました。大人女性は、エレガントなロングタイトやフレアスカート、サテンやオーガンジーなどのちょっとフェミニンな服と合わせれば、今どきな「カジュアルミックス」の出来上がりです。

大人女性にまず持っていてほしいのは、ベイシックなローカットの白いスニーカーです。私の定番はもう長い間アディダス・スタンスミスです。そして基本の1足さえあれば、あとは思い切り自由に！　デザインや色でちょっと遊んでみたり、厚底でスニーカーの横顔を楽しんだり。

スニーカーは一生履ける靴ではありません。ゴムのソールはすり減るし、お手入れしても取れない汚れもついてきます。傷んできたら即買い換える気持ちで、スニーカーこそ「旬」を取り入れてみましょう。

なぜか殺風景!? シンプル神話の落とし穴と処方箋

【シンプルすぎて殺風景】

雑誌などでモデルさんが、なんていうことのない白シャツにデニムをはいただけなのに、すごく素敵だったりしますよね。あれをそのままやっても素敵になれる人は残念ながらごく少数。顔が小さくて脚が長い、恵まれた素材の方だけです。

例えば女優のアンジェリーナ・ジョリーなんて、美貌もスタイルも迫力がありすぎて、どんな服を着ていたかなんてほとんど記憶に残らないでしょう？　あのくらいの押し出しの強さがあれば超シンプルコーデもサマになりますが、普通の女性は、なかなかああはいきません。普通の人がすべてをシンプルにしてしまっては、ただの殺風景に終わります。

対処法は、前章で書いた「引き算、そして華をそえる」。

白シャツにデニムなら、シューズはヴィヴィッドな色やインパクトのあるデザインのものを履いてみるとか、大ぶりの目立つバングルをつけるとか。服を「着ただけで終了！」にしないことが大切です。


【シンプル服のときは、ヘアメイクもシンプルでいい？】


服がシンプルだったりカジュアルだったりする場合、逆に手抜きをしてはいけないのがヘアやメイクです。シルバーヘア特集の雑誌に出てくる白シャツを着たマダムたちも、ヘアをきれいに結い上げ、かなり濃い口紅をしっかりつけているでしょう？

「無造作風」と「無造作」、「ナチュラルメイク」と「すっぴん」はまったく別ものです。特に顔立ちが薄いアジア人の場合、ノーメイクはただ顔色の悪い地味な人に見えがちです。

撮影のときのヘアメイクさんの仕事ぶりを観察すると、ナチュラルなヘアメイクほど、肌の透明感を演出したり、少しだけ風に吹かれたように見えるよう、おくれ毛や

毛束の量を微調整したりと、**細かい部分に相当な時間をかけています**。すべては計算されて作られた「ナチュラル」で、「ありのまま」とは違うんです。

「私特に何もしていないの」は、信用してはダメっていうことですね（笑）。

【コーディネートを考えるのが面倒ください】

殺風景なのはいや。でも服を着てからさて何を足そうかと毎日考えるのも面倒。多くの方の本音かもしれませんね。

そんな方にはコーディネートのうち「何か1点だけシンプルではない特徴のある服を選ぶ」ことをおすすめします。はっと目を引く色柄ものとか、服の一部に目立つデザインが施されているとか、何色もの糸を使って織られたミックスツイードなど、素材自体にインパクトがあるものなどです。

そうした服を持っていれば、それ以外のアイテムは全部脇役でOK。

シンプルなユニクロのニットを合わせて、あとはノーアクセサリーでも、十分に華のあるコーディネートになります。

「着るだけでキマる」のは、実は計算し尽くされたデザインもののセットアップやドレス類だけです。シンプルな服ほどコーディネート力を必要とすると思ってください。

【夏になるとさらに殺風景】

シンプルな白いワンピースを着たら、幽霊かナイトウェアにしか見えない!? そんな経験はありませんか？

夏は冬と違って重ね着をしないので、ただでさえコーディネートが単調になります。ですからシンプルすぎる服をワンツーコーデで身につけただけでは、なかなかサマになりづらいのです。

コーディネートのアイテム数が少ない夏のワードローブほど、色柄デザインを冬より多めに。無地TシャツをロゴTシャツに、無地のアイテムをプリントものに。こうするだけでコーディネートいらず、殺風景ではないシンプルコーデができますよ。

無地の白Tシャツをロゴ T シャツにかえるだけで、目を引くポイントに。服がモノトーンでも、小物で色を加えて脱地味コーデ。

T-shirt: COMME des GARÇONS
Skirt: DRIES VAN NOTEN
Shoes: CASADEI
Bag: Mehry Mu
Hat: CA4LA

派手なプリント柄のパンツは、日差しが強い夏にこそ着たいアイテム。ベイシックなニット合わせで、十分華やかな印象になります。

Knit: BLACK BY MOUSSY
Pants: DRIES VAN NOTEN
Shoes,Bag: ZARA

【着痩せしたくて殺風景】

白っぽい色は膨張して見え、黒っぽい色は引き締まって見えるから、着痩せしたい人は黒っぽいものを着なさい。多くのスタイリストさんがこうしたアドバイスをしています。でも暗い色だけでシンプルすぎるコーディネートをすると、ただ「暗い人」「怖い人」に見えてしまいがちですし、「いかにも体型を気にしています」という感じも出てしまいます。

暗い色をベースカラーにすることはもちろんOKなのですが、それに加えて私がおすすめしたいのは「白」と「真ん中の色」を持つことです。例えば黒が多い方は「白」と、白と黒の真ん中の色である「グレイ」を。ネイビーが多い方は「白」と、白とネイビーの真ん中の色である「サックスブルー」などをコーディネートに入れ込みましょう。

ただの黒っぽい人になるのを避けるために、いろいろな色を持つのではなく「色を濃淡で持つ」と思ってください。全身のコーディネートの2割ほどに「白」や「真ん中の色」を取り入れることで、奥行きが生まれ、単調に見えないコーディネートが出来上がります。

黒、白モノトーン配色のニットスカートは、これ１枚でコーディネートに変化がつく便利なアイテム。ロングカーディガンにはスニーカーで軽さを出して。

T-shirt: sacai
Skirt,Shoes: Stella McCartney
Knit: Acne Studios

黒、白、グレイをリズミカルにコーディネートにはさみ込むと、ちょっと上級者に見えるモノトーンコーデが完成。

Shirt: Deuxième Classe
Knit: Acne Studios
Skirt: sacai
Shoes: Barneys New York
Bag: COMME des GARÇONS

ネイビーと白の爽やかコーデにブルーを足したいときに便利なデニム。爽やかにカジュアルにコーディネートをまとめてくれます。

Jacket,Blouse: Whim Gazette
Denim: LEVI'S
Shoes: GUCCI
Bag: Stella McCartney

ネイビーとブルーの配色が爽やかなコットンニット。ベイシックカラーの服の一部にワンポイント配色が入った服は、差し色になり便利です。

T-shirt: PETIT BATEAU
Knit: sacai
Skirt: Otto ミランダかあちゃんコラボ
Shoes: Stella McCartney
Bag: BOTTEGA VENETA

Column 04

帽子は数稽古で仲良くなる

気軽にいろいろなタイプを試したいので、ZARAなどで買うことも多い帽子。ぺたんこにたためるベレー帽は、旅行の荷物に入れて着こなしに変化をつけるのにも便利です

有名なメンズブランド、タケオキクチの菊池武夫氏のトレードマークはメガネと帽子です。帽子をかぶるというより、帽子を含めてタケ先生のスタイルが完成すると言っていいかもしれません。

「帽子はヘアスタイルと同じ。だから洋服よりもっと身近な存在」

以前インタビューでも、そんなことを語られていました。

ヘアスタイルを毎日変えようとすると大変です。でも帽子なら1秒で手軽に印象を変えることができますよね。また、ヘアスタイルがどうにも決まらない、時間がなくてヘアスタイリングをしている時間がない、そんなときもサッとかぶれる帽子は強い味方です。

以前、いつも帽子を素敵にかぶっている先輩にコツをたずねたら、

「帽子をかぶっている自分を見慣れること」

と言われ、なるほど！　と思いました。

帽子は数稽古。いろいろ試しているうちに、堂々とかぶれるようになるものです。

また、帽子選びが悪いわけではなく、かぶり方をちょっと変えただけで似合ってくるという方も多いです。

つばを下げたり上げたり、まっすぐかぶったり斜めにかぶったり。鏡の前であれこれ試しているうちに、この角度は似合うというパターンが見えてくるし、ついでに帽子をかぶった自分の姿に、自分が慣れてきます。

人間の頭部は全身の約2割。かなり大きな面積を占めています。顔付近は真っ先に目がいくところでもあり、ここに何かするのとしないのとでは大違い。特に小柄さんは背が高く見える効果もありますので、帽子効果は絶大ですよ。

あなたのTシャツは大丈夫？

観光地でたまに見かける、海外からの観光客の方が着ているTシャツ。「四面楚歌」「変態」「俺は働きたくない」など、たまにとんでもない文字が書かれているのを目にすること、ありませんか？

海外の方からしたら、漢字やひらがなの文字がクールに見えるのだと思いますが、意味を知っている人が見たらなんとも奇妙なTシャツ。良識ある大人が着るものではありませんね。

あなたのロゴTは大丈夫ですか？

英語やフランス語で書かれたロゴTシャツも、なかにはスペルミスや怪しげな言葉が書かれているものがあります。書かれている意味はきちんと確認して選びたいですね。

また、イラストや絵画、写真がプリントされたＴシャツも、どんなアートをベースにしているかなどを、お店の方に聞いてみてもいいかもしれません。


もう1つ、やってしまいがちなこと。

以前こんなことがありました。電車で私の前に立った真面目そうな中年女性が着ていたＴシャツの胸に「ＣＵＣＣＩ」と書かれていたんです。言うまでもなく「ＧＵＣＣＩ」のパロディー。ご本人はそのことを知っているのかしら？　と心配になりました。

海外やインターネットで偽ブランド品を扱う怪しげな業者はたくさんありますが、私たち消費者が、そうした商品を偽ブランドと知りながら買うのも違法です。これは大人として知っておくべき常識。ですから偽ブランド品や、特定のブランドをパロディー化した商品を着ていると、常識レベルを疑われてしまい、知らないところで恥をかくことになりかねません。ナンチャッテＴシャツを、公の場や仕事の場で不用意に着てしまい、誤解を受けることのないように気をつけたいですね。

アパレルブランドは、お客様に好ましいイメージを持っていただけるよう、長い時間をかけて商品づくりやPR、広報戦略などを積み重ねています。商標権、意匠権などの知的財産権は、作り上げたそのブランドイメージを守る上で、とても重要です。

私たちが、偽Tシャツやナンチャッテ T シャツを着ないということは、そうしたブランドのイメージに、きちんと敬意を払うことにもなるのです。

Chapter

03

私を幸せにする ものだけに 囲まれたい

念のため買いをやめ、ものを見る目を鍛える

「これって本当に3色いりますか?」

「いらないとは思うけど、念のため」

私は個人のクローゼットコンサルティングの仕事もしています。この仕事をしていると、しょっちゅう「地味色3色さん」に出会います。すなわち、服を買うとき**黒、紺、グレイなどの色違いを3枚大人買いするクセ**がある方。

買って着てみたらものすごく気に入り、洗濯が追いつかないからもう1色買い足すというなら話は別。

そうではなく、「3色で迷っちゃった。えーい、全部買っちゃおう」。

こういう思考で服を買っていると、クローゼットはあっという間にいっぱいになっ

ていきます。そのうち3色買ったことすら忘れ、あるとき、

「こんな服持っていたっけ？」

となるのがお決まりのパターン。

この「念のため買い」は、自分の決断に自信がないために保険をかけるクセとも言えます。「黒を買って後からやっぱり紺がよかった、とならないため」ですね。

けれども、こうした買い方のクセは、何かを買うときのあなたの決断力を鈍らせてしまいます。いつまでたってもものを見る目が養われないのです。


プロのデザイナーさんたちは、ものを見る目のレベルがすごいです。

彼女・彼たちは素材の展示会に行くたび、何百何千という種類の小さな生地見本を見て、次から次へと素材を発注していきます。分厚い見本帳をめくり決断していく、そのスピードの速いこと速いこと！　仕入れ予算があるから、当然「念のため買い」なんてできません。

こうした決断を繰り返すことで、目で見て手で触れれば一瞬でいいか悪いかわかる

ようになる。これは訓練以外の何ものでもありません。

お買い物は足し算よりも引き算で。

念のため買いをやめ、本当に欲しい1着を狙いすまして買う訓練をすれば、ものを見る目はきっと鍛えられていくはずです。

「捨てる」より「増やさない」を考える「大富豪思考」

自分のクローゼットから服があふれてしまい、将来の子供部屋やご主人のクローゼットにまで侵出してしまっている方。

断言しますが、部屋がこのような状態で「おしゃれ」だった方は一人もいません。これまでクローゼットコンサルティングで、のべ３００人以上のお宅にお邪魔しましたが、例外はありませんでした。なぜこうなるのかというと、自分の服を自分で把握できていないからです。もしも玄関とリビングと寝室と納戸に１台ずつ冷蔵庫があったとして、それで料理を作れと言われたら、やりづらくて仕方がないでしょう？

このパターンの方は、ある日収納に限界がきて、大量に服を捨てます。でもクロー

ゼットがスッキリしたのもつかの間、半年もたてば元どおりにリバウンド。

この20年ほどで服の値段は劇的に安くなりました。気軽に服を買って気軽に捨てられる今の時代。「捨てる」ことより「増やさない」ことのほうが難しいんです。

「増やさない」ために、私がいつもお守りのようにしている言葉があります。それは、メンタリストDaiGoさんが著書『人生を思い通りに操る片づけの心理法則』で書かれていた「大富豪思考」です。何かを買いたくなったら、「お金が無限にあっても本当にそれを買うか？」と自分に質問してみる考え方です。

例えばファストファッションのお店で3000円のトレンチコートが売られていたとします。

「ちょうどクーポンも使えるし、そういえば春のコートも欲しいわね。まあまあ気に入ったから買おうかしら」

でももし、お金が無限にあったら、そのトレンチを買いますか？

「これではなくて、本当は10年は着られるバーバリーのトレンチが欲しい」

心の声に耳をすましてそう思えば、３０００円のコートには手を出さないはずです。

「お金が無限にあっても本当にそれを買うか？」と考えることで、「自分にとって本心からいちばんいいものと思えるか」に思いが至ります。

それでも買おうと思えるものは、きっとあなたの記憶にずっと残る素敵な服。また着たい、大切にしたい、という思いが湧き上がる服のはずです。

私の場合、**「これを着ずには死ねないわ！」**と思うような素敵な服に、仕事柄出合いすぎてしまうのが悩みの種ですけど（笑）。

自分の歴史を語るものに囲まれる幸せ

ものには2種類あると私は思っています。

1つは資産になるもの。

もう1つは消耗品です。

資産になるものの代表例はジュエリーや時計、エルメスのケリーやバーキンなど、親子3代で受け継いでいけるくらい、年月がたっても品質やデザインが古びないもの、そして「自分の歴史を語るもの」です。

私の自宅のリビングには、旅先で買った思い出の品がたくさん飾られています。新婚旅行で行ったバハマの、真っ白いユニフォームを着た警官の置き物（中にはもともとカリブのリキュールが入っていました）。

家族旅行で行ったパリで夫が撮影してくれた、娘と私のバックショット（腕の振りや脚の上げ方まで同じで笑えます）。

美術館が大好きな私が、行く先々で必ず買う美術館の図録。そして若い頃から少しずつコレクションしているスカーフ。

私にとっては、1つ1つが自分の歴史を語る宝物です。

以前にあるミニマリストのお宅にうかがったことがあります。

広々としたリビングには家具らしい家具が何もなく、広い床に座ってお茶をいただいたのですが、どちらを向いてお茶を飲んでいいのやら。入居前の空室を内覧しに来たようなよそよそしさに、落ち着かない気分になりました。それはおそらく、部屋が整ってはいても、住んでいる人の歴史や息遣いが感じ取れなかったからだと思います。

2019年に、大好きなベルギーのデザイナー、ドリス・ヴァン・ノッテンが来日し、そのパーティーに招かれました。張り切って最新作を買って会場に乗り込んだ私は、そこで衝撃的な光景を見たのです。私のようなにわかファンと違い、筋金入りのある

顧客の方は、10年近く前に購入した服と最新の服とを見事にミックスコーディネートして、唯一無二の着こなしをしていました。そしてその服のことについて私がたずねると、

「これは2012年秋冬コレクションで、このときのテーマは……」

なんて嬉しそうに話してくれました。

最新作はお金さえ出せば誰にでも買えますが、10年前のコレクションはどんなにお金を積んでも買えません。まさに歴史はプライスレスです。

大人になる楽しみは、**自分の歴史を語るものが増えること**、その豊かさに囲まれて暮らすことができることにあると思うのです。

しまいこんだらもったいない

「私が小さい頃、ママはお仕事で全然遊んでくれなくて、遊んでくれたのはいつもパパだった」

「あら？　そんなふうに思っていたの？」

「だってどの写真にもママが写ってないじゃない」

って、おいおい、その写真撮ったのは私なんですけど……。

小学生だった娘にそんなことを言われてから、家族写真には必ず自分も入るようにしました。

我が家の階段スペースやリビングには、そんなふうにして撮った家族の写真がたくさん飾ってあります。スマホで気軽にきれいな写真が撮れる時代、いざアルバムを作ろうとしても、ストックが大量すぎてなかなか時間がとれません。

そこで、旅行や入学卒業などの節目に撮った写真、みんないい笑顔のベストショット写真は、1枚だけプリントしてファミリー写真コーナーへ。いちいちフレームを用意するのは面倒なので、太子判という大きなサイズの額を用意しておき、その中に新しい写真を追加するようにしています。

美術書や、美術館に行ったときに必ず買う図録もたまる一方ですが、書棚にしまってしまうと存在を忘れてしまうので、リビングの暖炉下スペースや小机の上に積み重ねています。美術書だけあって背表紙もきれいなので、ただ積み重ねているだけでも美しく、インテリアの一部になっています。

すべてをきっちり収納している部屋に住みたいとは思いません。むしろ大好きなもの、大切にしているもの、コレクションしているものなど、自分の資産になるものを毎日眺めて暮らしたい。

もちろん、なんでもかんでも出しっ放しでは雑然としますから、ポイントを絞って厳選したものだけは片付けないルール。

ほどほどに片付き、愛着のあるものだらけの部屋に帰ってくると、ここがいちばんのパワースポットだと思えます。

物を厳選して持つためのマイルール

では、資産にならない消耗品は適当に選んでいいかといえば、決してそんなことはありません。

毎日の生活に欠かせない、ベイシックなシャツやニット、パンツやスカート。汗をかき、お尻の下に敷かれたり、腕の下で擦れたりして傷みます。またファッション衣料である以上必ず流行にも左右されます。ベイシックな服ほど、5年もたつとシルエットが古くさく見えてくるものです。

服が多すぎる方の中に「ベイシック貯金しすぎさん」がいます。何にでも合わせやすそうな黒いパンツを、買い物のたびに買ってしまう。

こういう方は、一度思い切ってクローゼットの中から服を全部出して、型別に積み上げていきましょう。細身パンツ、ワイドパンツ、七分丈パンツ。型別に分けていくと、細身の黒いパンツばかりを30枚も40枚もため込んでいることがわかります。

ベイシックが多すぎるせいで、数回しか着ないまま年月がたった服もどっさり。型が古いのはわかっているけれど、どこも傷んでいないから捨てるに捨てられません。

「……もう黒いパンツ買うのやめます」

その量を自分の目でしっかり確認すると、たいていの方がこうおっしゃいます。

ベイシックな消耗服は、枚数と年数のコントロールが重要です。

ちょうどいいベイシック服の枚数は人それぞれ。私は今の仕事を始めてから、人前に出る華やかな服の日と、デニムとシャツですごす作業日が増え、ＯＬさん雑誌の1週間コーデに出てくるようなベイシック服はあまり必要なくなりました。

私の場合はベイシックチームの服に必要な枚数分のハンガーを用意し、むやみにハンガーを増やさないようにしています。

服の管理をしやすくするために、できるだけハンガー収納にするのもポイントです。洗濯して乾かすときからハンガーにかけ、そのままつるしておけばシワにもなりません。日本のタンスの引き出しは、もともと着物用に作られたものですから、深すぎて服が埋もれやすいんです。

ベイシック服の耐用年数の目安は、トップス・ボトムスは3年、ジャケットは5年です。衣替えや新しい服を買うタイミングで、耐用年数を過ぎているものはないか点検を。

こうして、塩漬け服がなく一定量がキープできているクローゼットを作れば、どこに何があるかが一瞬でわかり、服を探すわずらわしさもなくなります。

後悔しない買い物のワザ

『お買いもの中毒な私！』という映画で、こんなシーンがあります。一流ファッション雑誌の編集者になることを夢見ているレベッカ・ブルームウッドは、お買い物をしすぎて請求書の山。今度こそ節約すると誓い、クレジットカードを冷凍庫で凍らせるのですが、お買い物をし始めるとアドレナリンが出まくって、ついに冷凍庫の氷を叩き割ってクレジットカードを取り出してしまう。笑いながら見つつも、こういうお買い物ハイな状態ってちょっとわかる気もしました。

20代から数え切れないくらい買い物の失敗をしてきた私が得た教訓は、**「冷静な判**

断ができない状況での買い物は避けたほうがいい」。

2月と8月にアパレル企業では大会場を借り切ってファミリーセールをやることがあります。服がとんでもなく売れていた時代、開始3時間も前から入り口には長蛇の列。会場は大混雑で、試着室が30分待ちなんていうこともよくありました。

そういう熱気ムンムンの極限状態にいると、必ず現れるのが「その場で着替えだす女性」です。スカートの下からパンツをはいたり、上半身キャミソール1枚になってしまったり。たぶんごく普通のお店の中なら、決してそんな大胆なことはしないはずです。でも音楽がガンガン鳴り、人が奪い合うように服をビニールバッグに押し込むような状況下だと、人ってちょっとおかしな行動をしちゃうんですよね。あ、もちろんアパレル企業側はそんなこと百も承知で、お客様をあおっているわけですから、ご用心。

また、とても疲れていたり落ち込んでいたりするときも、人は冷静な判断力を失います。心のスキマを埋めるため、物を買って気分転換しようとします。

そんなとき私は、服の売り場には近づかず、少し贅沢なスイーツのお店に入ることにしています。一口で食べるのはもったいないような小さくて高級なケーキを、時間をかけてゆっくりといただく。すると、美味しいものを食べた満足感、血糖値の上昇、そして食べて太る心配がないくらいの小さいサイズという安心感、この3つがセットになって、すうーっと気持ちのざわつきが収まってきます。もちろん、スイーツのかわりにお花を買ったりするのもいいですね。

どうも失敗が多くて、という方は、平日の比較的空いている時間に買い物に行ってみてください。フィッティング待ちの人の列に急かされることなく、聞きたいことをゆっくり店員さんに質問できる時間帯がベストです。

ショップスタッフを上手に味方につける

「この服には、どんな服を合わせたらいいですか？」

お店で気に入った服を見つけたとき、私はショップスタッフの方によくこんな質問をします。そう言うと、「あなたは人のアドバイスなんて必要ないでしょう？」と言われますが、私はそうは思いません。なぜならコーディネートの正解は1つではないからです。

「へえ〜、そんな合わせ方も新鮮ね！」

自分ではやらない色合わせや組み合わせを教えてもらい、自分の引き出しを増やす絶好のチャンスです。

「とにかくショップスタッフに話しかけられるのが面倒くさい」

「売りつけられるのではとビクビクしている」

という方はいませんか。

私はアパレル企業時代に、店頭の販売員採用や教育の仕事もしていましたが、「なぜこの仕事に応募したのですか？」と質問すると、ほぼすべての人が「服が好きだから」「人が好きだから」と答えます。ショップスタッフは、好きだからこの仕事を選んでいます。大好きな服であなたの役に立ちたいと思っているんです。

販売をする立場からすると、いちばんつらいのはお客様の無言です。無視されたからじゃないですよ。心からお客様の役に立ちたいと思っているのに、なんの情報も与えられないからなんです。

「人気のブロガーさんが着ているシャツを見て」

「来週旅行に行くから、着まわしのきくニットが欲しいの」

販売員はあなたがどんな人か知りたがっています。そしてどんな服を着たらきれいに見えるか、どんな服をすすめたら喜んでもらえるかを知れば知るほど、いいアドバ

イスができます。経験の浅いショップスタッフは、無言のお客様にどんどんトンチンカンな声がけをしてしまい、それでしつこいと思われてしまうんですよね。

ショップスタッフをいかに上手に使って味方にするか。ここはコミュニケーション能力に長けた大人女性の腕の見せどころですね。いいアドバイスが引き出せるほど、あなたはおしゃれになれます。

心がけたいのは「半学半教」の精神です。もしあなたの仕事の専門分野を教えるならあなたが先生。でも逆の立場ならあなたが生徒。そう思えば、「いいアドバイスをありがとう」という言葉も自然に出ます。先生にわからないことをわからないと言うように、「気に入ったけど予算オーバーだわ、残念」と率直に言っていいんです。お客様といいコミュニケーションが取れたと思うと、ショップスタッフはあなたを喜ばせるためにますます頑張ってくれますよ。

断りづらいときに使えるマジックワード

「試着したら買わなきゃいけないかも」

「気にいらない、自分では似合っていないと思うのに売りつけられるんじゃないか」

お店でのお買い物は、こんなことが心配になりますね。そんなときに使える便利な方法をご提案します。

それは、**「はっきり伝えてニコッ！」**です。

ショップスタッフがいちばん悩ましく思うのは、お客様の気持ちがわからないときです。試着室から無言で出てきて、服を突き返し、無言で出て行ったお客様。いったい何がいけなかったのかしら。サイズが合わなかったのか、着たらイメージが違ったのか、何か失礼なことを言ってしまったのか。お客様の真意がわからず、悶々としてしまうのですね。先ほど「ショップスタッフは情報が欲しい」と書きましたが、これもまさに情報不足の状態。お客様に適切なアドバイスをすることができず、結果としてお客様にとっても得にはならないのです。

こんなときお客様にしてほしいのは、思ったことを感じよく具体的に「はっきり伝えてニコッ！」です。

「着てみたら意外とムチムチが気になったの。ちょっと他ものぞいてくるわね、ニコッ！」

「今のところこれがいちばんの候補なんだけど、まだ他のお店を見ていないから一回りしてきますね、ニコッ！」

「今日は荷物を持ち帰りたくないから、あとからネットで買いますね、ニコッ！」

するとショップスタッフは、別のサイズの服や体のラインが出にくいタイプの服など、よりあなたが好みそうな商品を提案してくれるかもしれないし、

「どうぞごゆっくりショッピングをお楽しみくださいね」

と笑顔で送り出してくれ、戻ってきたら「おかえりなさい」と歓迎したりもしてくれるはずです。

言いにくいことを感じよくはっきり伝えるコミュニケーションスキルも、経験豊富な大人女性の得意技ではないでしょうか。お姑さんからのちょっと迷惑なプレゼントを断るとか、気の進まないママ友ランチを断るとか。若い頃には上手にできなくても経験を積むことでうまい対処法を身につけてきたでしょう？　その力をぜひお買い物の場面でも役立ててください。

大切にされるお客様になるために

海外のショップに入ると、「Hi !」「Morning !」「Bonjour !」などとアイコンタクトをしながら挨拶をしてくれます。

これは「私はあなたという存在に気づいていますよ。もし必要があったらいつでも声をかけてくださいね」という重要なサインなんです。ですから挨拶を返すことは「お邪魔します。ちょっと店内を見せてくださいね」という立派なコミュニケーションになっているわけです。

日本人を含めアジア人は、この簡単なアイコンタクトと挨拶ができない人が多すぎます。ショップスタッフと目を合わせないように無言で店に入り、いきなり乱暴に商品をいじりまわす。他人があなたの家に無言で上がりこんで、いきなりクローゼットをひっかき回し始めたら嫌でしょう?

お店に入ったらショップスタッフとできるだけ早めに一度目を合わせ、笑顔で無言で軽く会釈すればいいのです。これだけで、あなたのお客様としての好感度はグッと上がります。


さて、お店に入って次に心配になるのは、「何かお探しのものはありますか?」と聞かれたときですね。たいていの方が「いや別にモゴモゴ……」または無言。ここでもショップスタッフに情報提供をしてあげる気持ちでいきましょう。

「外を歩いていたらウィンドウのワンピースが目にとまって、ちょっと入ってみたの」

「待ち合わせまで時間があるから寄ってみたの。ちょっと見せてくださいね」

と言えば、しばらく好きに店内を見せてくれるでしょうし、

「ネットで見たこれを試着してみたいのだけれど」

と言えば、すぐに商品を用意してくれるでしょう。

つまり、あなたが今すぐに手助けを必要としているか、そうでないかを示してあげ

ればいいわけです。

お店を出るときも「(見せてくれて) どうもありがとう」。

声に出して言うのが恥ずかしければ、アイコンタクトと笑顔+会釈で。

お客様としての最低限のマナーは、あなたが大切にされるお客様になるために、とても大切なことです。

フィッティングルームでは、ショップスタッフは第2の鏡

大人世代の方の接客をしていると、ワンサイズ小さいサイズにこだわる方が少なくないと感じます。

でも、「入った」のと「合っている」のとは違います。フィッティングルーム内ではお腹をへこませ背筋を伸ばしていますが、普段の姿勢や生活動作に苦しさがあると、服にもおかしなシワが寄って見苦しくなります。

サイズが心配だったら、あらかじめワンサイズアップしたものを出してもらって、2サイズ着比べてみましょう。

試着したら、靴を履いてフィッティングルームの外に出て、ショップスタッフにも

360度チェックしてもらいましょう。背中心のシワなどは、自分では見えにくいものです。**ショップスタッフは、自分には見えづらい角度を映す第2の鏡**だと思ってください。

また、「手持ちの黒いパンツに合わせたい」「ペタンコサンダルに合わせたい」などのコーディネートイメージがあれば、それも伝えて、店内にある商品の中から似たものを見繕ってもらい、一緒に試着しましょう。

どうせフィッティングに入るなら、1着試着するのも3着試着するのも同じ手間ですから。

実店舗とオンラインショップを賢く使い分ける

オンラインショップのいい点は、多くのブランドや商品を

❶ **横並びに**

❷ **効率よく**

❸ **発見できる**

ことです。

実店舗だと、ついつい行ったことがあるお店にしか足が向かないものです。でもELLE SHOPやFARFETCHなどオンライン上の巨大なショッピングモールはたくさんのブランドが出店していますから、例えば「ベージュ　ワイドパンツ」などと検索

すれば、いろいろなブランドのパンツを一瞬で表示してくれます。また最近はＡＩ機能の進化のおかげで、使えば使うほどあなたの好みそうな商品を、ビッグデータで解析しおすすめしてくれます。

足を棒にして歩き回ることなく、効率よく比較検討できますし、これまで知らなかったブランドを発見する機会も増えます。「通販はサイズが心配だから買わない」などと決めつけている方も、身長体重などを入れれば適正サイズを教えてくれる仕組みのあるオンラインショップもあれば、返品交換可のオンラインショップもありますので、一度は利用してみることをおすすめします。

一方、オンラインショップにない実店舗のいい点は、

❶ **試着してサイズの確認ができる**

❷ **素材感や着心地などを実際に試せる**

そしてもう１つ私が強調したいのは、

❸ **よりあなたに合ったパーソナルなアドバイスが受けられる**

という点です。

例えばあなたが、去年買ったプリントブラウスに合わせるボトムスを探したいとしますね。オンラインショップは「スタッフコーディネート」などで「今シーズンの服どうしをどうやって組み合わせるか」という例はのせてくれていますが、「あなたの手持ちのブラウスに合うボトムスはどれか」まではアドバイスしてくれません。

実店舗なら簡単ですね。そのブラウスを着て行って「これに合うボトムスを探しているんですけど」と言えばいいわけですから。どういう場所に着ていくことが多いのか、どんなイメージで着たいのか、自分の体型を美しく見せてくれる組み合わせが知りたいなど、ショップスタッフから有益な情報を引き出すために、そんなこともさりげなく伝えるといいですね。ショップスタッフはあなたの役に立とうと、一緒に知恵を絞ってくれるはずです。

ものの値段と価値のバランス

1~2月、7~8月のセールで買わないほうがいい、と私が思うものがあります。それは「今シーズンのトレンドもの」です。

秋冬シーズンのトレンド服は、9月頃からすでに3ヶ月売り続けられています。目立つデザインのトレンドものは、そのシーズンだけが旬。翌年の秋に再会すると急に古びて見えます。いくらセールで安くなっていたとしても、1~3月まで3ヶ月しか着られないものだとしたら、1回あたりの着用単価はかなり割高になってしまいますよね。

アパレルでは、1年を52週で考えます。新しい商品の売り始めから、経過した週数が増えるほど、帳簿上の価値は下がっていきます。約半年以上たったものは季越品

（シーズンを越えてしまった商品）となり、その価値は定価の半分以下、52週以上は簿価ゼロとなることもあります。それでも売れない商品は焼却してしまうことも少なくありません。特にトレンド色の強い服は、肉や魚と同じ生ものだと考えたほうがいいでしょう。

ただし、例外として年数がたっても価値が下がらない服があります。それはエイジングできる服。はき込んだヴィンテージデニムは新品の何倍もの値段がつくこともありますし、レザーやデニムが体になじむにつれてできる独特の風合いは、新品には出せない味です。

私が愛用しているレザーのライダースジャケットは、今年で10年めになります。なぜか真夏のお盆にセールになっていたもので、12万円のお値段に、当時は買うのをものすごく迷いました。典型的なライダースのデザインで、大きすぎも小さすぎもしないサイズ感、革質も申し分なく、これはきっと長く着られるだろうと購入に踏み切りましたが、これが大当たり。着れば着るほど体の形にしっくりなじんできて、初めはごわっと分厚かった革に、鈍い光沢が出てきました。年間8ヶ月は着ていると思うので、値段は高くても着用期間で割ったら、相当コスパのいい買い物でした。最近では、環境のためにエコレザーを買うことが世の中に浸透してきましたから、今後は新品のリアルレザーは買わずに昔のレザーを大切に着続けたいです。

服やファッションアイテムは、ただ長く使えればいいというものではありません。**購入価格を、旬のうちに着られる着用期間で割って考えてみましょう。**それが本当のコスパです。ものの値段と価値のバランスを計る1つの物差しとして、使ってみてはいかがでしょうか。

40代になるまでに買っておきたい服

「買っておきたい」というより**「体験しておきたい」**おすすめの服があります。

それは仕立てのいいジャケットかコートです。

服でいちばんパーツが多くて作りが複雑なのがジャケットやコートです。前身頃、後ろ身頃、襟、袖はもちろん、内部には芯地をはり、何層にも重ねた肩パッドを入れ、ポケットの上にフラップをつけ……と、表面から見えるよりずっとたくさんのパーツを用意しなくてはいけませんし、元は平面だった布が人間の複雑な体にそうよう、巧みに縫製しなくてはいけません。

ですから、ジャケットとコートほど、安く手軽に作られたものと、高級なものとの

差が激しいアイテムはないのです。

いいパターンと縫製で仕上げられたジャケットは、ハンガーにただつるしているだけで、中に人が入っているような立体的な形をしています。

そして、着るとビシッと背筋が伸びて体型が整って見えるのに、窮屈さを感じません。洋服はもともと、ある程度理想的な体型を想定して、それに体を合わせていくという発想で作られていますから、パターンのいいジャケットは、まるで補正下着をつけているような効果があるんです。

その着心地を一度体験すると、そうでないジャケットとの違いが実感としてわかると思います。デザインや素材も重要ですが、服を選ぶ上で、パターンと縫製がいかに大事か、いわゆる仕立てのいい服とはどんなものか、ちょっと勉強するつもりで体験しておくのもいいと思います。

衣替えをおおごとにしない

クローゼットの衣替えって大変ですよね。

私は1年のうち最低4回はちょこちょこと衣替えをします。3月、6月、9月、12月は必ず。そしてSALEの前にも、ざっと点検して必要のないものは片付けるなり処分するなりします。今の季節に着ないものや、もう着なくなったものがクローゼットを占領していると、今いちばん必要な服、着たい服の存在を忘れてしまったりするからです。

年4回以上ちょこちょこやると、1回あたりの衣替えにかかる時間は、ほんの1〜2時間程度。短時間で済むようになったので、「衣替え＝大仕事」という気持ちの負担が減りましたし、やらなきゃやらなきゃと思いつつ腰が上がらず、そうこうしているうちに季節が過ぎる……なんていうこともなくなりました。

時間と気持ちに余裕が生まれるので、衣替えで手持ちの服を出したついでに、コーディネートパターンを何通りか組んでからしまう、といったこともできます。そうすると、クローゼットの中の服がますます愛おしくなり、早く着てあげたい！　というワクワク感が高まってくるという効果もあります。

大掃除もやらなきゃと思いながら、年末の忙しい中なかなか手につかないことが多いので、時期にこだわらず「今日は窓のサッシを拭く」「各部屋の鏡を磨く」など、余裕のある日に場所を決めてちょこちょこと。そうやって大掃除をしなくてもいい場所をじわじわと作っておいて、年末は換気扇の掃除だけ。

年齢を重ねるごとに、一度で掃除や片付けができる体力もなくなってくるでしょうから、仕事分散、体力温存型の小掃除で、衣替えや掃除を大ごとにしないやり方にシフトするように心がけています。

Column 05

よれよれカーディガンのかわりに万能ストールを1枚

寒暖の差に備えて、バッグに薄手のカーディガンを1枚という方、多いと思います。ただ残念なことに、電車の中で丸めてシワシワになったカーディガンを着ると……せっかくのおしゃれがぶち壊し。大きなお世話ですが、「お願いだからストールを試してみて！」と駆け寄っておすすめしたくなってしまいます。

ストールは冬用と思い込んでいませんか？

１６５ページの写真のエルメスの大判スカーフ（カレジェアン）は、カシミヤシルク製。薄手で畳んでもシワにならずコンパクト、夏はさらっとした肌触りで、冬は暖かいので、冷房の効いたレストランや飛行機の中でも大活躍です。素肌に触れてもチクチクせず柔らかな肌当たりなので、夏はプールサイドで水着の上から羽織る、また冬はコートの上からサッと巻きつけて、印象を手軽に変えつつ、防寒用にもぴったりです。

買ったのはもう何年も前ですが、流行りすたりのあるものではないし、季節を問わず1年中使えるのですから、本当にお得な買い物だったと思い

»
種類豊富なZARA。毎年たくさん出るヒョウ柄は、ベースがブラックやベージュなので意外にもベイシックな色の服になじみます。

ます。

まずは1枚という方は、色も種類も豊富なザラをおすすめします。無地のストールなら、柄を気にせず無造作に巻いてもキマりますから。

そしてちょっと凝ったストール使いを楽しみたい方は、ストールの縁と中の部分の色や柄が違うものを。1枚のストールが、巻き方次第でさまざまな色柄に見え、変化を楽しむことができます。

エルメスのカレジェアン。服では
選ばないような大胆な色や柄も、
スカーフならではの魅力。

Column 06

片付けをしたら発見！ピンバッジ、ブローチをつけてみませんか

昔のピンバッジやブローチ。いろいろ混ぜてつけてみたら、マニッシュなミリタリージャケットに楽しいオリジナル感が加わりました。

家の片付けをしていたら、若い頃のアクセサリーがたくさん出てきました。ゴールドのブローチから、原宿の露店で買ったピンバッジまで。ふと思いつき、いくつかまとめてミリタリージャケットにつけてみたら、ジャケットの新鮮な着こなしを1つ発見した気分。ちょっと嬉しくなりました。

私の世代が若い頃は、アクセサリーをTPOに応じて完全に使い分けていました。パールはフォーマルなもの、ゴールドはよそ行きで、ピンバッジはカジュアル、というふうに。でも今やカジュアルミックスが主流です。ドレスにスニーカーを履いたり、デニムにハイヒールを合わせたりして「抜け感」を出す時代。

ですから、昔の先入観や値段にとらわれず、古いものと新しいもの、フォーマルとカジュアルをシャッフルしてみると、案外今っぽい空気感が出ます。

「ブローチはどうやってつけたらいい？」という質問もよくあります。

昔の貴金属は、今より惜しみなくゴールドやシルバーを使っていて、どっしりした風格のものが多く、使いづらいと感じる方が多いようです。

かっちりしたジャケットの襟につけていたブローチは、もふもふなカジュアルコートの襟に、カジュアルなトートバッグにと、つける場所をかえてみるのも手ですね。

ケースの中で何年も眠っているアクセサリーを片付けついでに出してみて、昔は絶対やらなかった組み合わせをしてみると、新たな発見があるかもしれません。

部屋着はしめつけず だらけすぎず

家の中でスウェットばかり着ていたら、ウエストまわりのお肉、通称「浮き輪」が順調に育った！　なんていう経験ありませんか？

おまけにすっぴんでメイクしていないからと、お肌の手入れをテキトウにしていると、顔が下がる?!

「人に会わないとゆるむ」

これ、50歳を超えてから、私がつくづく感じることです。

ただし、家の中で窮屈な服を着ていてはくつろげません。私が家の中で着ているのは「スウェット以上お出かけ着未満」。体が大きいのでメンズサイズの大きめな綿や麻素材の服を、ゆったりしたサイズ感で着るのが定番です。

白いコットンシャツは、最初はゴワゴワしていますが、洗うほどくたっとしてきて体に馴染みます。洗濯・脱水してハンガーにかけておくと、重みでシワが伸びるのでアイロン不要です。

また、リーバイス501のデニムも、部屋着の定番。ウエストも脚まわりも苦しくないよう、ゆったりしたストレートタイプを愛用しています。高いデニムは「あたり」とか「ひげ」というデニム独特のはき古し感を、わざと加工して作ってから販売していますが、これ、デニムをはき込めば自分で作ることができるんです。

私はスーパーに買い物に行くとき、デニムのポケットに鍵を入れて、わざと上からもんだりします。すると、ももの付け根のあたりに、いい感じのヴィンテージ感が出るんですよ。以前、岡山のデニム生産者の方に教えてもらいました。これぞ、デニムを「育てる」醍醐味です。

服はゆったり顔はすっぴんでも、毎朝小さいピアスとフレグランスはつけるようにしています。これは、お仕事モードへの切り替えスイッチ。自宅で誰にも会わずにすごす日も多いので、苦しくなく、でもだらけない状態を保つよう心がけています。

⋩ 家の中こそ、元気の出る赤いカーディガンで気分を上げて。ゆったりサイズのカーディガンに、ウエストゴムパンツで、動きやすく快適です。

knit: PLAY COMME des GARÇONS　Pants: GU　Shoes: adidas

» ゆったりと大きめのシャツとデニムが、私のお家スタイルの定番。デニムははき込むほど味わいが生まれ、愛着が湧きます。

Shirt: JUNYA WATANABE COMME des GARÇONS
Denim: LEVI'S
Shoes: CHANEL

« リネンシャツやリネンワンピースは、着込むほど生地が柔らかくなり、体に馴染んでくるアイテム。楽なニットパンツを合わせて品良くリラックスモードに。

Dress,Pants: Chaos
Shoes: GUCCI

家で着るものは肌、目、心が喜ぶものを

人は服の素材にとても影響を受けるものだと、お客様の表情を見ていて感じることがあります。

柔らかくてしっとりした肌触りのカシミヤコートを試着すると、まるでスイーツを食べたときのように、うっとりと柔和で優しい表情になりますし、強いハリ感のどっしりしたトレンチコートが両肩にのると、きりりと引き締まった表情になります。同じ「満足」でも、表情はまったく違うのだから驚きです。

人は五感を持つ生き物。肌に触れる服の「触感」に、心も影響を受けるものなのです。妙にチクチクするニットを着てイライラした気分になったこと、あなたもありませんか？

私がリラックスすると感じるのは、分厚いオックスフォード地やブロード地のシャツが洗濯を重ねてクタッとしてきたり、リネンを着込んで表面が柔らかく毛羽立ってきた頃の風合いです。

あなたにも、新品と洗濯を繰り返した後の触感、その両方が好き、心地よい、という素材があれば、ぜひ確かめておいてリピートしてみましょう。

もう1つ私がおすすめしたいのは、**家の中でこそ、大好きな色、着てみたかった色、気分が上がる色を着て、自分の目を喜ばせることです。**

「誰も見てないからいいわ」じゃなくて、誰も見ていないからこそ、ピンとくる色を自由に選んで着るチャンスではありませんか。

私が大好きなコム デ ギャルソンのカーディガン。同じタイプを何枚か持っていますが、色が鮮やかで見るたびに明るい気分になれる赤は、家やご近所で着ることが多いです。

家で着るものこそ、自分の肌と目が喜ぶものを。誰のためでもなく、自分の心を喜ばせましょう。

Chapter

04

大人の余裕と魅力を引き出す心と体の美容術

「若く見える」は褒め言葉じゃない

人間誰しも歳をとり、生物としては古くなっていきます。

ただこの変化を「劣化」と捉えてしまうのは、自分に不幸の呪いをかけるようなものだと私は思っています。

「昨日より今日の自分は劣っている」

毎朝毎朝鏡の中の自分に向かってこんな呪いの言葉をかけ続けていたら、明日に希望が持てなくなってきそう。毎日自分の顔にげんなりし、不機嫌な表情が表情ジワに形状記憶されてしまったら大変です。

顔にしても体にしても、私たちはいつも至近距離から自分を見ているので、ほうれい線とか目尻のシワとか、細かいことがとても気になるものです。

でも人には「パーソナルスペース」といって、それ以上他人が接近してくると息苦しく感じる距離があり、特別親しい人でなければその距離は1・2メートルから3・5メートルといわれます。1メートル以上離れた他人から、目尻のシワが深くなったかどうかなんてわかりませんよね。人はあなたが心配するような細部を気にしたりはしていないのです。

まずは、

「年齢より若く見えるわね」

を褒め言葉だと思うのをやめてみませんか。

どうせなら、

「若い頃よりいい感じ」

と言われたい。

これなら、明日の自分に希望が持てそうな気がします。

大人女性の美しさは、美人な人より幸せそうな人

若い頃は、目がパッチリ大きいとかアゴがとがっているとか、1つ1つのパーツが整っているかどうかが重要でした。

でもある程度年齢を重ねると、「美人かどうか」よりも**「幸せそうかどうか」**が美しさに大きく関わってくる気がします。

目鼻立ちが整っていても、いつも眉間にシワをよせ、口をへの字に曲げている女性は、なんだか気難しそうで話しかけづらいですね。逆にさほど美人というタイプではなくても、「ああ素敵な方だったな」と、香水の残り香のように余韻が残る女性もいます。

以前、モデルをしていたことのある女性とイタリアンでランチをしたときのこと。

彼女は若い頃と変わらず贅肉のないスリムな体つきで、ぴったりとしたスキニーデニムを見事に着こなしていて心底感心しました。ところが、彼女はピザを頼むと、真ん中だけをつつくように食べ、険しい表情で周りのピザ生地をすべて残してしまったんです。食事中の彼女がなんだかとってもつらそうで、スタイルを保つために「ピザ」と「スキニー」の二者択一をしなきゃいけないのかしら？　とちょっと寂しい気持ちになりました。

幸せそうな人の共通点は、健康そうであること。

人間の顔学の権威レズリー・A・ゼブロウィッツ博士は、『顔を読む　顔学への招待』という本の中で「人間は男性でも女性でも健康そうに見える顔を好む」と書いています。大昔、獲物を捕り厳しい自然の中で生き抜いてきた人間にとってはお互いに生き残れる人間なのかどうかが重要です。生存のため、できるだけ健康で、一度人間関係を築いたらできるだけ長くお付き合いできる人を好むように、進化を遂げてきたわけですね。

無理や負担の大きいダイエットや美容法を続けると、若い頃は隠れていても、大人

世代になるとそのつらさが顔に出てきてしまうものなのかもしれません。

その逆で、心身ともに健康にすごしている女性は、生き生きとした健やかなオーラが、美人度に加点してくれるのだと思います。

運気は肌ツヤ髪ツヤが運んでくる

健康そうに見える顔になるためにいちばん大切なのが、「肌ツヤ髪ツヤ」です。

以前よく仕事をご一緒した有名なフォトグラファーが、

「売れる子と売れない子はすぐわかる。売れる子は肌にハイライトがあるから」

と言っていました。ハイライトとは、頬骨の上とかおでことか、高い部分が「ツヤッ」と光っていることです。


確かに、儲かっている会社の社長とか元気のいい政治家の方って、顔がテカテカしていますよね。フォトグラファーの彼いわく、肌ツヤ髪ツヤは人気運を表すバロメーターなんだそうです。そういえば、人気のあるユーチューバーさんも、よく観察して

みると、顔がツヤツヤしている方が多いです。

大人世代は肌ツヤ髪ツヤのありなしで、似合う服まで変わってきます。傷んだ髪とくすんだ肌では、最新流行の服を着れば着るほど、その対比で首から上の傷みっぷりが強調されてしまいます。2階までが新築で、3階部分だけが築50年の中古のビルみたいです。それ、やっぱり不自然でしょう?

もちろん、「肌ツヤ髪ツヤ」は、もともと持って生まれた肌質・髪質によっても左右されるものだとは思いますが、私がいちばん大事だと思うのは、睡眠と食事と日々のケア。**つまり日頃どんな生活をしているか、その積み重ねが全部肌や髪に出てしまうということです。**不摂生や喫煙習慣などはてきめんです。

私自身は、メイクをしたまま寝ない、過度な日焼けをしない、サプリメントでなく食事から栄養をとる、疲れをため込みすぎない、などには特に気をつけていますが、これって肌ツヤ髪ツヤのためだけでなく、健康な体でいるために必要なことですよね。

そうした基本的なスキンケアやヘアケアをした上で、私がやっている肌ツヤをよく見せるちょっとしたコツを、2つご紹介します。

1つはファンデーションは薄づきにしてハイライトでツヤを足すことです。おでこと鼻筋、頬骨の高い位置に、細かい粒子のミネラルハイライトクリームをちょこちょこっと塗ります。厚いファンデーションでクマを隠すより、手っ取り早く元気な顔になりますよ。

もう1つは顔そりです。月に1回程度、近所のごく普通の床屋さんで顔の産毛をそってもらっています。エステに行くよりずっと安上がりだし、顔のくすみが一気に取れておすすめです。

大人になったらお手入れを念入りにしたいパーツ

私のYouTubeチャンネルに以前こんなコメントをいただきました。

「輪湖さんがものを指し示すときの、指先がきれいですね」

視聴者の方は、小さなスマホ画面でこんなにも細かい場所を見ていらっしゃるのか！　と、改めて女性の観察眼の鋭さや細やかさに驚きました。

髪と肌以外に特にお手入れすべきは、このように意外に目につく末端、つまり指先です。手はどうしても年齢が出やすいパーツですから、ささくれだっていたり、爪がボロボロだったりすると、とても目立ってしまいます。

また、夏のサンダルの季節は素足のお手入れが気になるもの。若い頃と違い、素爪でもピンクでツヤツヤというわけにはいかなくなってきますから、できれば夏の間だけでもペディキュアを塗って、華やかに明るくしておくといいですね。

指先、爪は目につくだけでなく、この場所を整えておくだけで、しぐさがグッとエレガントになります。

マニキュアを塗った直後のピカピカな爪だと、ものをつまみ上げるときも、いつもよりちょっとていねいな動作になったりしませんか？

逆にマニキュアがはがれボロボロの爪だと、段ボールを素手で乱暴に開けてしまったりと、動作が荒々しくなりがちです。

手や足は、あなたのために毎日よく働いてくれる相棒です。

1日の終わりに数分だけでも、アロマオイルやトリートメントオイルでマッサージしながらいたわってあげましょう。

私は、お風呂上がりにはココナツオイルを全身に塗り、乾燥でダメージが大きい場所には、ワセリンをつけます。ココナツオイルは食用にもなるもので安心ですし、ココナツオイルもワセリンも、たっぷり入ってお手頃価格。

1週間に2～3日は、ヴェレダのマッサージオイルとツボ押し棒で、ふくらはぎを

コロコロマッサージ。植物エキスのハーブの香りで、疲れが癒やされます。

1日にほんの少し自分をいたわる時間を作ることで、指先、爪などのパーツが美しくなって、動作までエレガントになってくる。一石二鳥じゃありませんか?

大人の髪との付き合い方

私が髪を今のショートボブにしたのは、50代半ばを過ぎてからです。大きな丸顔がコンプレックスの私は、若い頃からずっとロングヘア。顔をむき出しにしようなんて思ったことはなかったんです。

ところが40代後半に差し掛かると、「丸顔」「大きい顔」にさらに「薄毛」問題が追い打ちをかけてきました。もともと量は多くなかった私の髪、ボリュームがみるみる減ってきて、真夏に汗をかくとぺしゃんこ、まるでおにぎりに貼りついたノリみたいです。

これはいけないと、パーマを派手にかけて頭を必死に膨らませていました。ただ、

しつこいですが大きい顔の私、ヘアをパーマで膨らませると頭部がますます大きくなってバランスが悪くなり、何を着ても似合わない！　という状態になってしまったのです。それでも当時は髪を切る勇気がなく、結局はパーマをかけた髪を、いつもひっつめにし、「邪魔にさえならなければいい」と投げやりな気持ちでいました。私の長いおしゃれ暗黒時代です。

55歳のときです。

私にある転機が訪れ、ファッションブログを書き始めました。ファッションを語るのにさすがにこれはマズいでしょう、と一大決心をして、髪をショートボブにしたのです。

バランスのいいスタイルの人のことを「八頭身」といいますが、頭部は全身の2割を占めます。頭部がコンパクトに軽くなったことで、バランスが見違えるようによくなり、それまでの悩みが嘘のように再びおしゃれが楽しくなりました。パーマで傷み放題だった髪も、ショートにすることでみるみる元気になっていったのです。

大人の髪は、白髪、ボリュームダウン、傷みやパサつきなど、人生のうちに何度か転機を迎えます。でもそのときは、**「私はこれが似合う」と信じてきたことを、思い切っていったん手放し、新しい自分に生まれ変わるチャンスなのかもしれません。**

「いっぺん金髪にしてみたい」

これが私の次なる野望。もし私に白髪が増えてきたら、挑戦するつもりです。さすがにこの歳なら、「グレた」とか「ヤンキー」などとは思われないでしょう？（笑）

海外スナップでオールブラックコーデがかっこいいのは、髪の色が明るいから。真似したくてもできなかったファッションに挑戦するチャンスだと思っています。

好きなことで無理せず歩く

私の趣味は寄り道と立ち読みです。

私のアパレル時代の上司の一人は、

「今日新宿◯◯百貨店に行ってきました」

と報告すると、

「そう、じゃあ同じフロアの◯◯は何が売れてそうだった？　隣のファッションビルの人の流れは？　最近できた路面店の店づくりはどうだった？」

と矢継ぎ早に聞くのが常でした。

自分の会社のブランドと同じ商圏の店舗のことを、隅々まで知っておかなくてどうする？　という現場主義の上司に鍛えられたので、直行直帰は禁止、どこかに行ったら必ず周辺の店を回って帰るということが、今も体に染み付いています。

私はネットや雑誌で行きたい店があると、その情報をスマホに入れておきます。そして近くに用事があったら、ついでにその店も見て帰ってきます。また、「今日は1日代官山デー」などと決めて、ストックしているお店をくまなく見て回ることもあります。そんなことをしていると、気がついたら3〜4駅分歩いてしまっていることも珍しくありません。

私が運動らしい運動をする習慣がなくても、特別体重の増減もなく健康でいられるのは、おそらくこの「楽しいことで歩き続ける習慣」のおかげだと思います。

ランニングが趣味の夫には「一緒に走ろう」と誘われるのですが、私、ただひたすら走り続けたり泳ぎ続けたりするのが苦手なのです。小中学生の頃は山登りもマラソンも、前日に「どうか朝から熱が出ますように」と祈るほど大嫌いでした。

人って、楽しいことしか続けられません。スイーツが好きな方はスイーツ店巡り、御朱印集めが趣味の方は神社仏閣巡りなどもいいですね。長くやっていても少しも飽きないことで歩く。これ、長続きのコツだと思います。

おしゃれな人ときれいな人は結局これで決まる

会社員のときの同じ部署の後輩で、ものすごくおしゃれな男性がいました。男性には珍しくカラフルな色使いの達人で、イエローの地に黒い大小の星の模様が散ったネクタイや、ピーマンのようにツヤツヤで鮮やかなグリーンのシャツに深いブラウンのニットタイなど、**ちょっと日本人離れした色彩感覚**で、いつも粋な着こなしをしていました。

その彼が、朝よく遅刻してきたんです。あまりにも堂々と遅刻して会議室に入ってくるものだから、「ひょっとして私が会議の時間を間違えて伝えたのかしら？」と思うほど。

「今日なぜ遅刻したの？」

と聞くと、彼は平然と答えました。

「靴が服に合っていないと思って」

またまたあまりにも堂々とそう答えたので、思わず先輩という立場を忘れ「あ、そうなんだ」と言ってしまいそうになりました（笑）。


靴が……と言っても、マロン色のスエード靴より、チョコレート色のスエード靴のほうがよかった、という微差で、言われなければわかりません。

「そこまでこだわって直そうとしなくても……」

と言う私に、

「女性だって、きれいな人ほどしょっちゅうメイク直しするじゃないですか」

と彼。

一理あるなあ、なんて妙に納得してしまいました。

ものすごくおしゃれな人、ものすごくきれいな人は、微調整が人一倍マメなんだと思います。服をただ着ただけ、メイクをしただけ、で終わらせない。何か違うと思ったらその都度こまめに修正していく。**そのひと手間が、人をハッとさせる美しさを生むのかもしれません。**

せめて私たちも、朝服を着たら靴を履いた状態で全身を鏡でチェック、化粧室に入ったらその都度、メイクと髪と服をチェック。1回のチェックに30秒はかけてみましょう。30秒って、けっこう長いですよ。

笑顔の天才

スマホで写真を撮ろうとしたら、インカメラになっていて、無防備な自分の顔のどアップに「うわっ！」ってこと、ありませんか。

無防備な自分の表情は、我ながら怖い。すっかり深くなったほうれい線がさらに暗く影を落とし、口はへの字。鏡に映る顔や、写真に撮られるときの、めいっぱいよそ行きな顔ではなく、人様が見ているのは、この無表情な仏頂面のほうだわね、とハッとする瞬間です。

私が普段意識しようと心がけているのは、顔の下半分で笑うのをデフォルトにすること。口角と頬はキュッと上げ、目のまわりや顔の上半分は普通にリラックスした状

態の「菩薩スマイル」です。

ニコニコした笑顔よりワントーン下げて、なんとなく機嫌よくたたずんでいる感じ。

これなら自然で怖くないかもしれないなと思います。


「この方は笑顔の天才だわ!」と、感動した方がいます。

それはロンドンのザ・ゴーリング(The Goring)というホテルのドアマンです。ザ・ゴーリングは、イギリスのキャサリン妃が、ウィリアム王子とのロイヤルウェディングの前夜、一般人としての最後の夜を家族とともにすごしたことでも有名です。

1910年の創業以来、一族で同じ経営ポリシーを受け継いでいる由緒あるホテル。

その威厳あるホテルのアフタヌーン・ティーに行ったときのこと。エントランスに一人の初老のドアマンが、穏やかな笑みをたたえてたたずんでいました。

エントランスにタクシーが停まり、ドアを開けてくれてから、ロビーに入るまでのたった数秒で、私はそのドアマンの素晴らしい笑顔から目が離せなくなったのです。

温かくて適度に親密で優雅。まるで1年ぶりの友人を、家の玄関に招き入れてくれるようです。その笑顔とエレガントな振る舞いに、私は一瞬で、極上のカシミヤコートにふわっと包み込まれたような気分になりました。

数秒で人の心をとらえて離さない、笑顔の天才っているんだなあと思います。

そしてそれは、年季が入り、人としての厚みがあるからこその笑顔。若い頃にはできない笑顔です。

笑顔としぐさだけで人を温かく幸せな気持ちにさせる。年齢を重ねたら、若さや美しさではなく、**笑顔のオーラで人を幸せにする**、そんな存在になりたいです。

イタリア伊達男の香水のつけ方

ミラノの観光スポット、ドゥオモの横の老舗百貨店ラ・リナシェンテで、こんな面白い光景に出くわしました。

細身のダークスーツをビシッと隙なく着こなした、1階コスメフロアの販売スタッフの男性たち。

デパートの閉店を知らせる音楽が終わるやいなや、彼らは売り場に置かれたサンプル用のフレグランスを一斉に手に取りました。そして「ぶしゅっ！　ぷしゅ――っ」と天井に向けて盛大にスプレーし始めたのです。彼らはそのあと、天井から下りてくる霧の下をエレガントにくぐって、香水を全身にまとわせていました。

私も真似してこの方法をためしてみると、なるほど香水を直接体に吹きかけるより、淡くまんべんなく全身に香水をつけられます。「つける」というより「まとう」感じ。以来、このやり方を真似しています。

後日、パリのフラゴナール香水博物館を訪れたときも、香水は手首や首筋などの体温の高い場所につけると本来の香りが変わってしまうので、この「空中スプレーくぐり方式」がいいと教わりました。

それにしても、イケメンの男性たちが、皆ウキウキした表情で、盛大に香水をスプレーしだす様子は、ちょっと壮観でした。別の日の閉店時間に居合わせたときもこのような光景を見かけたので、彼らにはすっかり日々の習慣になっているのでしょう。

「さあ！　仕事の時間は終わりだ！　お楽しみはこれから！」

彼らにとっては、これからが本番。香水は仕事から夜のプライベートタイムへの切り替えスイッチみたいなものなのでしょうね。

オンとオフを切り替えるとき、秋から冬へと季節を切り替えるとき。
優しい気分になりたいときと、仕事で気合いを入れたいとき。
何種類かの香水を、スイッチがわりに使い分けるのも素敵ですね。

Chapter

05

大人の時間が人生を豊かにする

大人になったらラクになったこと

日本では現在、人は20歳で成人します。

女性の20歳から40歳は「大人になる時間」。

そして、女性の40歳からは「大人を楽しむ時間」です。

20代は若いというだけでちょっとチヤホヤされますが、30歳を過ぎたあたりで突然若さの魔法が効かなくなります。そしてここからが大人への本当のスタートライン。美人だけが得をする時代は終わり。いろいろ失敗しながら、それぞれに魅力的なパーソナリティーを磨きあげる時期に入ります。

そして40歳を越えたあたりからは、苦労してまいた種の収穫期です。80歳まで生きるとして、まだ半分の折り返し地点ですよ。希望が持てると思いませんか？

なぜ私がこんなことを言うかというと、私自身も20代の頃は若さを失うのが怖かったからです。ファッションは若い人の特権とばかり思い込み、40歳になった自分なんて絶望でしかありませんでした。でも自分がいざ還暦近くになってみると、**人付き合いもおしゃれも日々の生活も、若い頃よりずっとラクで楽しいんです。**

女性の60歳からは「次の世代のために役立つ時間」だと私は思います。

私は58歳でYouTubeを始めたのですが、この歳になると自己開示が怖くなくなるんですね。自分のカッコ悪い過去のヘアスタイルとかおしゃれの失敗を包み隠さずぶっちゃけても、「私の失敗が人の役に立ったり、誰かを励ましたりするんだったら、ま、いいか」と自分も一緒に笑ってしまうことができるんです。

視聴者の方から「ミランダかあちゃんを見て、歳をとるのが怖くなくなりました」と言っていただけるのが心から嬉しいです。「誰かのために」と思うと、人は強く、そして豊かになれます。

自分が体験したこと、積んできた経験が次の世代のために役立つのなら、こんなに幸せなことはないと思うのです。

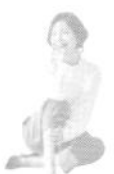

面白そうなことには乗ってみる！

私は大学を卒業後、アパレルの会社で16年間仕事をしました。そのあと独立起業し、フラワーディスプレイの仕事を16年。

そして55歳のときです。某雑誌の編集長が、こう声をかけてくれました。

「輪湖さん、ウェブでファッション記事を書きませんか？」

業界を離れて十数年もたつ私に、なぜそのようなお声がかかったのか、いまだに謎なのですが、

「やります。喜んで！」

と返事をしてしまいました。

そこでリハビリを兼ねて始めたのが、現在、月間アクセス３００万ＰＶの「ミラン

ダかあちゃんのスタイルレシピ」という私のファッションブログです。もしこのときの編集長のお誘いがなかったら、今この本を書いていることは絶対になかったはずです。

「なんだか面白そう」

16年もブランクがあるのにやってみようと思った理由は、ただこれだけ。この話に乗って、もし失敗しても、そのときはそのとき。ちょっと恥をかくだけで別に命まで取られるわけじゃありません。

歳をとってくると、直感は大体当たります。なぜかというと、直感のように見えて実は脳の深いところでは、いろいろな記憶を引っ張り出して「できそう」とか「無理そう」とかいったことをちゃんと判断しているからではないかと、私は考えています。「損か得か」「儲かるか否か」ももちろん大事ですが、「これは面白そう」と、ピンときたものに乗っかってみる。

「ファッション記事を書きませんか？」の波に乗って以来、面白そうな波には全部乗る、を繰り返していたら、4年前には想像していなかった自分にたどり着いてしまい

ました。そして1年後の自分がどうなっているか、想像もつきません（笑）。

できるかどうか？　なんていう心配はあまりしません。

できると信じればできる！

失敗しても、ネタにしちゃいますからね。

人は年齢を重ねると､手に入れたものも増えます。それを手放すのを恐れるあまり、安全地帯にとどまりたくなることもあると思うんです。

でも守ってばかりだと、自分に新しい風は入ってきません。若さって「心の軽やかさ」なんじゃないでしょうか。

私がバーキンを買わない理由

エルメスが大好きで、スカーフなら３００枚ほどコレクションしていたこともある私。でも、いまだに手を出していないものがあります。それがバーキンです。

エルメスのバーキンは、祖母、母、娘と受け継がれる、時代を超越するほど完成度の高いバッグです。正規店でもめったに買えないことで有名なのにもかかわらず、多くの女性に人気です。

私もいずれ大人になったら……という憧れは常にありました。ただ、あそこまで完成された普遍的な価値のあるバッグを持ってしまうと、自分が「もうこれでいいわ」と安心してしまうのではないか？　そう思うとどうも手が出せない。

私がバーキンを買わない理由は「常に変化する自分でいたいから」なんです。

ファッションは生き物です。

第2次世界大戦後のベビーブームの影響で、1960年代のイギリスはティーンエイジャーが増加し、「モッズ」と呼ばれる若者たちが、世界のカルチャーを引っ張る存在となりました。

彼らの気持ちを歌にしてくれるザ・ビートルズが脚光を浴び、ファッション界ではマリー・クワントやアンドレ・クレージュが、新しい理想の女性像をかかげて、ミニスカートを発表します。すると、それは瞬く間に、世界的規模で流行するようになっていくのです。

社会的な背景や時代のムードとともに、常に変化を繰り返し、絶えず移り変わるのがファッション。世界中のブランドが毎年毎年新しいコレクションを発表するのもそのためです。

ファッションに終わりやゴールはありません。ファッションは決して立ち止まることのないものなんです。

だからこそ、ファッションを変えることは、自分に新しい風を入れることにつながります。

その時々の気分や生活環境、自分の見た目や体型の変化に合わせ、ファッションを変えることを恐れない。止まることなく日々リフレッシュし変化していく自分を楽しむ。おしゃれを楽しむとはそういうことではないでしょうか。

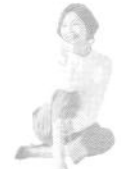

「硬くなる＝老化」を予防する頭と心のストレッチ

人間歳をとると血管が硬くなったり、体が硬くなったりしてきます。でもいちばん厄介なのは、頭と心が硬くなることだと思うのです。「昔はこうだった」なんて、自分の価値観を押しつけてくる、頑固なお年寄りや偉い人は煙たがられますよね。

いくつになっても、変化をポジティブに受け止められる、柔らかい頭と心を持ち続けるためには、適度なストレッチが必要だと私は考えています。

私の日課は、YouTubeを見ながら部屋でドタドタとエアロビをすることです。最初は右手と右足が同時に出てしまって汗だくだく。ついていくのがやっとだったメニューも、繰り返しやっているうちに難なくできるようになります。でも、そうなると脂肪はあまり燃えなくなるんです。人間って、慣れると手抜きをしようとするんですね。

行ったことのない国に旅行に行くのも、最初はちょっとしたストレスがかかります。地図とにらめっこし、地下鉄に乗るのも一苦労。

初めてのことをするって、ちょっと不安で不快な気分になります。

でも、何も考えずにできることだらけの中に毎日どっぷりつかって生活していると、その快適さから抜け出すのが億劫になる。それが「硬くなる」ことにつながります。

私は1日に1つ、何か新しいことをすることにしています。と言っても大したことじゃないんですよ。いつもと1本違う道を通る、スーパーを見て回る順路をいつもと逆にする、食べたことのないメニューを頼んでみる。読んだことのない作家の本を読んでみる。でも、これ意外に、意識しないとなかなかできないんです。

いつもよりちょっと腕を遠くに伸ばす感覚で、快適じゃないことをやって頭と心に

少しの負荷をかける。そうすると、いざというとき、新しいチャレンジをするのが怖くなくなります。

面白そうなことを見つけたら、迷わずホイホイ気軽に飛びつく、そんなフットワークの軽いお年寄りになりたいです。

素直に「助けて」と言えるほうがいい

「ファッションのネタなんだから、動画のほうが伝わりやすくない？」

そんな娘の一言がきっかけで、私のYouTubeチャンネル「ミランダかあちゃんねる」はスタートしました。

YouTubeを見る習慣もなかった私が、こんなことにチャレンジできたのは、当時大学生だった娘が助けてくれたから。企画、撮影、編集と、手探りながら二人三脚で番組を作り始め、1年間で登録者数6万人のチャンネルに育てることができました。

若い人の感性やものの見方を学ぶことができて、私にとってとても貴重な経験になりました。

20代の頃は、人に仕事を振るのが苦手でした。

人に一から説明してやってもらうより、自分でやってしまったほうが早い。そうやって仕事を抱え込むのが常でした。涼しい顔で人の倍くらい働けるなんていう、妙なプライドもあったのかもしれません。

でもキャリアを重ねると、自分一人でできることなんてたかがしれているということに気づきます。もともと全教科をまんべんなく勉強することも苦手だった、不器用な私。好きなことや得意なことはいくらでもやり続けられても、例えば帳簿をつけなさいなんて言われたら、集中力は5分で切れます。

人ってそれぞれに得意不得意があって、年齢を重ねると、ますますそれをくっきりと自覚できるようになります。

だから、

「しなくていい苦労はしない。できないことは素直に人に助けてもらえばいい」

そう考えられるようになりました。

大人の女性は、仕事、育児、介護とさまざまな役割をたくさん背負って頑張っている方も多いですよね。女性はすごく真面目です。でも、その真面目さゆえに自分を追い詰めてしまっては、自分もつらいし周りもつらいです。たまには勇気を出して「もう頑張れない」「ちょっと助けて」と言ってみることも必要かもしれません。

忙しいときは、我が家の夕飯は店屋物です。仏頂面して作った私の手料理より、店屋物やチンしたコンビニご飯のほうがずっと美味しいですから。

共感はするけれど私は私

某スイーツ店に賑やかに入ってきた、大人世代の女性の4人組がいました。

「あら栗の抹茶パフェ、美味しそう！」

と一人が言うと、

「本当。抹茶って美味しいわよね」

「○○の抹茶ロールケーキも、甘さがほどよくて美味しかったわよ」

「抹茶はビタミンCが取れて、美肌効果もあるものね」

とひとしきり抹茶の話題で盛り上がった後、

「私、白いちごのタルト」

「私はガトーショコラにしよっと」

と、オーダーを始めたんです。
……隣で聞いていた私は思わず、「え？　抹茶じゃないの？」とツッコミを入れそうになったのですが（笑）、これって女性独特の会話だと思いませんか？
最初に一人が「抹茶パフェ、美味しそう」と言ったとき、すぐ後に「私は白いちご」と言うと、なんとなくその発言を無視した感じになりますが、抹茶が美味しそうということにいったん共感を示してから「私は白いちご」ならＯＫ。つまり「共感すれど同調せず」です。

人付き合いって悩ましいです。自分の意思は通したいけど仲間はずれはイヤ。変わった人だと思われたくない。女性は昔から、男性が狩りに出かけている間、村社会の中で協力しながら子育てや料理、家のメンテナンスなどをやってきた歴史がありますから、和を乱さず他人の感情をくみ取ろうとするのは性《さが》なのだと思います。ですから、私たち女性が「人からどう見られているか？」に敏感になるのは仕方のないことかもしれませんね。

若い頃は人の目が気になって仕方がなかった私も、歳を重ね経験を積むと、適当な

相づちで、この「とりあえず共感」を示すのがうまくなってきました。

「ふむふむ」

「なるほど」

「そうねえ」

「はあ〜」

全力で相手に共感していることは伝えつつ、「でも」「だけど」をはさまず、「私はこう思うの」とスパッと言う。そして後からくよくよ悩まない。

そのほうがぐっすり眠れて美容にもいいですから！

人も自分も追い詰めない

「20代の頃の渡辺さん（旧姓です）って、すごく怖かったよね」と昔の会社の仲間に言われます。はい。おっしゃる通りです。完璧主義で理屈の通らないことが大嫌い。上司の仕事でも「違う」と思ったら徹底的に議論をふっかけ、グイグイ攻め立てるタイプでした。

でも部下をまとめ上司を動かしながらチームで仕事をする経験を積むと、逃げ場がないほど人を追い詰めちゃいけないということがわかってきます。頭ではわかっても心がくじけるからです。

自分に対してもそうです。毎日英語の勉強を継続しようと思ったのに、できなかっ

た。スポーツジムをまたサボってしまった。自分を厳しく律せられることは尊いことだし、常にそれができる人を心の底から尊敬します。でも、「こんなこともできないダメな私」と、いつも自分を責めていては、心が穏やかでいられなくなってしまいます。

私たちは、年齢を重ねるごとにできないことだって増えていきます。若い容貌ではなくなり、わずかの段差につまずいたり、自転車で一気に駆け上がれた坂が上れなくなったり。

もしもそのことで自信をなくしていくことがあったら、思い出してください。**年齢を重ねた大人は「いいさじ加減」という最強の武器を持っていることを。**頑張りすぎも頑張らなすぎもよくない。ダメな自分を追い詰めず、ほどほどのところで許してあげる。

絶妙なさじ加減で、自分を叱咤激励したり甘やかしたり許したりできる大人は、きっと他人からも軽やかで素敵に見えると思います。

濁点を言わないという
エレガンス

私の母は、私を出産後しばらく病気がちだったために、私は生後すぐから3歳近くなるまで、叔父夫婦の家で育てられました。

叔父は画家でイラストレーター、叔母はちぎり絵の先生というアーティスト一家で、家にはしょっちゅう、雑誌や教科書の挿絵をとりにくる編集者の大人たちが出入りしていた記憶があります。

「顔はナンだけどスタイルは若い頃から良かったのよ」という叔母はモダンでかわいらしい人で、幼い私をよく、ボサノバやラテン音楽が流れるしゃれたカフェに連れていってくれました。

「あのね、女の人はてんてんがつく言葉を言っちゃダメなのよ」

叔母が、さも大事な秘密を打ち明けるように、私の耳元でささやいたことがあります。

「だって」

「でも」

「だれ？」

「〜ですが」

てんてんがつく言葉、つまり濁点は、語感がキツくなる。だから女性はなるべく濁点を避け、可能なら言葉を言い換える。そうすることで、言葉がまあるくなって、印象がソフトになり相手に伝わりやすいわよ、ということが言いたかったのだと思います。


そういえば叔母はいつも、「そこどいて」と言わずに「そこのいて」と言っていました。私はその言い方をてっきり方言だと思っていたのですが、それは叔母独特のエレガンスであり、家の中に常に多くの人間が出入りする家庭を上手にきりもりする術だったのだなと、ずっと後になって気づきました。

「が」を「んが」と鼻に抜いて発音する「鼻濁音」は、アナウンサーやコールセンターの方が特にこだわりを持って使い分けていると聞きます。ひょっとしたらこれも、濁点の言葉の強さをやわらげる知恵から生まれたものなのかもしれないですね。

キャリアを重ねると、立場上威圧的で強い言葉を使わざるを得ない場面もあります。でも誰だって、一言ひとことがキツい人より、ときに柔らかくて優しい言葉が交ざる人のほうがほっとするし、一緒にいたいと思うはず。

どうせなら「怖い人」より「一緒にいたい人」と思われたいですものね。

雰囲気美人、美しいしぐさの理由《わけ》

お店で接客をしていると、ごくまれにお支払いのときトレイに、じゃらっ！　と小銭を放り投げるように置く方に出くわします。接客中、「なんて上品なマダムなの！」と思った矢先にこの動作が出ると、なんだか見てはいけないものを見てしまったような、後味の悪さが残ります。

昔、習っていた茶道の先生から（と言っても正座が苦手で1年もたたずにやめてしまいましたが）、「2つの動作を同時にしてはいけない」と教わったことがあります。

試しに、正座でふすまを開けながら、お辞儀という動作を同時にしてみてください。世にもブサイクな格好になりますから。

ちなみにこれをやって先生に呆れられたのは私です（笑）。

ふくさをたたむ、茶器を手に取る、茶さじで抹茶をすくう。すべてが滑らかに連続する動作でありながら、2つを決して同時進行しない。それが美しい所作の基本なのだそうです。

マルチタスクが当たり前の日常で、忙しい女性は一度にいくつかのことを同時進行することが多いです。私も忙しい朝は、スマホをチェックしながら、冷蔵庫をあけて牛乳をドボドボ、口の中に放り込んだトーストをもぐもぐしながら、家電のスイッチを押す、ついついこうなります。でも、考えてみたら、急ぐ必要のない休日のブランチまで、こんなことをする必要はないんですよね。

所作やしぐさの怖いところは、それがいつのまにか習慣化してしまうこと。そして何気ない瞬間に露呈します。

特に急ぐ必要のないときは、1つ1つの動作を区切っててていねいに。すると、なんとなく「ていねいな暮らしをしている自分」な気分になれてしまうから不思議です。

年齢相応という呪い

日本の社会って、「それらしく見えなきゃいけない圧」がすごいと思います。

「もう40歳なんだから、落ち着いた格好をしなきゃ」

「お母さんなんだから、お母さんらしい服を着ないと」

それ、いったい誰が決めたんでしょう？

私のYouTubeのコメント欄にも、「かあちゃんいくつですか？」という質問の多いこと！

人はよくわからないものは怖いのかもしれません。知り合いの◯◯さんと同じ歳、芸能人の◯◯さんと同じ歳という情報を得て、初めてその人のことを理解したような気がして安心する。

それと、還暦近いかあちゃんがこれを着ているんだから、私も大丈夫、とも思っていただけているのかもしれませんね。なんとなくお気持ちはわかります。

でも、プライベートで着る服まで、「〜らしく見える」を気にする必要があるのでしょうか？

私自身買い物や遊びに出かけるときの服は、今日着たいもの、自分の個性が引き立つもの、純粋にただそれだけで選びます。その気持ちは、20代の頃からまったく変わっていません。


昔の還暦は、1つの会社を無事勤め上げめでたく定年退職。あとは穏やかな余生をという人生のターニングポイントでした。

今、60歳で引退なんて社会が許してはくれません。まだまだ気力体力は十分です。元気な人はいくつになっても、仕事をしたり、地域の活動をしたり、孫の世話をしたりして若い世代や社会の役に立ち、若い人の社会保障費の負担を減らしてあげなく

てはいけません。

老けたと思う人から老ける。

年齢には何の意味もありません。

もう何歳だからそれらしく見えなきゃという呪いからは、さっさと逃げたほうがいいですよ。

過去の栄光は早めに捨てる

初対面の年配の男性と名刺交換するとき、「私は以前、有名な一部上場企業の役員でした」ということをことさら強調する方がいます。よくよく聞くと、それは20年も前の話だったりすることも。

「へえ～まあ～すごいですねえ～」と調子を合わせながら、この男性にとってはおそらく20年前が人生のピークだったんだろうなあなんて、想像してしまいます。

逆に「去年70歳で、ネットで石焼き芋屋を始めたんですよ～」なんていう人がいたら、私はずっとその方の話のほうに興味が湧きます。いつでも「今を生きている人」って魅力的じゃないですか？

実は年配で立派な実績のある方ほど、YouTubeをやって失敗するケースが多いように思います。いきなり上から目線で自分の実績を長々語られても、その方を知らない視聴者にとっては「あなた誰？」です。

新しいメディアに挑戦するなら、そのメディアのことをきちんと研究し、多くの視聴者を集めているチャンネルのセオリーを、謙虚に学ばなくてはいけません。「自分はこう思う」をいったんわきに置いて、です。

過去の栄光にしがみついてばかりいると、それにがんじがらめにされてしまって、新しいことに挑戦するときの足かせになりかねません。いつでも何歳からでも、進化したい、新しい自分になりたいと思ったら、一度過去の自分を捨てなきゃいけないこともあるのではないでしょうか。

私自身は過去に、アパレル企業の会社員と装花会社の社長という肩書きを2度捨てているので、肩書きを捨てるのが全然怖くありません。

ファッションブロガー

⇐

リメイクデザイナー

⇐

ユーチューバー

⇐

ブランドプロデューサー

ファッションの仕事を再開した4年前から、私の肩書きは毎年1つ2つ増えています。

「来年はいったいどうなっているのかしら？　私」と。

そんな予測不能な自分が、自分でもちょっと楽しみです。

あなたの武器はあなたが歩いてきた道に落ちている

「あなたは夢中になれる仕事があっていいわね」と言われることがあります。

何かを始めたくても、自分に何ができるかわからない、自分がどうなりたいかが具体的に思い描けない、そんなお悩みのある方からです。


私、TBSの「マツコの知らない世界」というテレビ番組が好きなんです。7000食もの抹茶スイーツを食べ続けた抹茶スイーツ研究家、白いご飯のおかずにまでカレーパンを食べるというカレーパンマニア、水も飲まずにひたすらフルーツだけを食べ続けるフルーツ研究家。

みんな、好きなものに対する突き詰め方がハンパないんですよね。スカーフが好きすぎて300枚コレクションしたことがある私は、すごくシンパシーを感じます。

1つの好きなことを、尋常ではないレベルまで徹底的に掘り下げる。そしてそれを何年も続ける。「好きすぎる」って立派な才能なんだと思います。


あなたが食事や時間を忘れて熱中できることってなんですか？

いくらやり続けても、まったく飽きない、苦にならないことってなんですか？

今までいちばん打ち込めた仕事ってなんですか？

あなたの武器は結局、あなたが今まで歩いてきた道に落ちているんだと思います。

だから、他人がやっていることを無理に真似してみるよりも、自分自身の歴史を振り返り、子供の頃からいつもいつも気になって仕方がなかったことを、度を越す勢いで深掘りしてみる、そんなことから新しい何かが開けるような気がします。

仕事であっても趣味であっても、夢中になれる何かを持っている人は、いつも若々しく魅力的。それが見つかっている人は、本当に幸せだと思います。

美人・若いより「かっこいい」が最強

あなたは、どんな褒め言葉が一番嬉しいですか？

私が人から言われて嬉しいのは、「かっこいい」という褒め言葉です。

「あなたって美人ね」

美人か美人じゃないかって、持って生まれたものにも関係します。だから美人という褒め言葉って「あなたって運がいいわね」（実力じゃなくてたまたまよね）って言われているようにも感じるんですよね。

「あなたって若いわね」

若いと若くないとでは、圧倒的に若いほうがいいに決まってる。あなただってそう思っているでしょ？

「若いわね」からは、そんな価値観の押し付けがチラチラ見え隠れします。

だけどなんとなく残念な美人っているじゃありませんか。美人だなあと思っても、しぐさに品がなかったり、「あれっ？」と思うほど言葉が乱暴だったり。

「若い」もそうです。若くても、素敵な人もいればそうでない人もいる。

人間は生き物だから、誰だって若くなくなります。いつまでも若いに踏み止まるのは無理なんです。「若い」が素敵さの価値基準なら、素敵じゃなくなるのは全員時間の問題、ということになってしまいます。


それに比べて、「かっこいい」は最強です。

「全力で仕事に打ち込んでいる姿がかっこいい」

「ていねいで整った暮らし方がかっこいい」

「ユーモアと包容力にあふれた、コミュニケーション力がかっこいい」

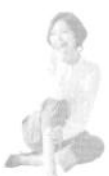

「かっこいい」は持って生まれた容姿やスタイルの良さへの称賛ではなく、生き方そのもののこと。生きてきた経験すべてが加点対象で、かっこよさの中身は人それぞれです。そして年齢を重ね経験を積めば積むほど、「かっこいい」の種は増えていきます。

「かっこいい」には「美人」や「若い」を軽々と超えていく、力強さがある。

「私ってかっこいい」

自分で自分をそう褒めることができたら最高ですね。

服があなたを強くする

私が過去にクローゼットコンサルティングをした中で、印象的だったS子さんのお話です。

S子さんは、私がそれまで見てきた中で最も服が少なかった女性です。数枚のスウェットとシャツ、そしてGパンとコットンパンツが1枚ずつ。喪服を合わせても服は10枚ほどで、クローゼットはガラガラでした。

「出産後、子供に汚されてもよくて、試着せずにパッとショッピングモールで買えるプチプラの服ばかりになってしまいました。ちょっとおしゃれしたいと思っても、会社員の頃に着ていた服は、モテ女子っぽい服ばかり。全体的にチープな印象で、もう

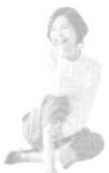

すぐ35歳になる私には合っていないと思いました。

それで持っていた服をほとんど捨てちゃったんですけど、これから何を着たらいいのか、まったくわからなくなってしまいました。ろくな服がないから、公園でママ友に会うのも怖くて」

か細い声でそう言う彼女は、ワラにもすがる思いで、このコンサルティングに申し込んだと言います。

「S子さんは、これからどんな女性になりたいですか?」

と尋ねても、「うーん」と沈黙するばかり。

そこで、クローゼットコンサルティングはやめ、二人で1駅先の百貨店に出かけ、とにかくたくさんの服を見て回ることにしました。

とあるお店のウィンドウの前で立ち止まったS子さん、見ていたのは夕焼けのようなオレンジ色のシャツワンピースです。

「着てみる?」

「でも、こんなの着ていく場所がないし」

「とりあえず試してみたら？」

肌の色が白く、髪が真っ黒なS子さんに、その澄んだオレンジの服は本当によく似合っていて、後日それを購入したと、S子さんからメールをもらいました。


そして2年後、S子さんは別人のようにきれいになっていたんです。

メガネをコンタクトに変え、メイクも上手になり、黒髪はショートに。声も大きく力がみなぎっていました。

「あのオレンジのワンピースが似合う女性って、どんな人かな？　って想像してみたんです。そうしたら、明るくて友達がたくさんいて、行動力のあるタイプ、女優の綾瀬はるかさんみたいな女性が頭に思い浮かびました。それで私、綾瀬はるかさんになりきってみようって思ったんです。自分に自信が持てなくなったとき、いつもオレンジのワンピースを着てみました。服が私を強くしてくれたんです」

S子さんは今ではお子さんも小学生になり、なんとコスメ系の人気ブログを書いて

いるそうです。

服はいちばん上の肌です。体の一部としていつもあなたと一緒にいます。ですからその服があなたの心に影響しないはずがないのです。

実用一点張りで、おしゃれな服は着ていく場所がないと思い込んでいませんか？

誰とも会わないからといって、毛玉のついたセーターを何日も着続けていませんか？

どうせ私なんて、今さらおしゃれしたって、が口癖になっていませんか？

過去の自分のために服を選ぶ人はいません。誰もが、今日これからの未来の自分のために服を選ぶんです。

服は明日の自分をつくるもの。だからていねいに服を選ぶことは、自分を大切にすることでもあるのです。

おわりに

Epilogue

２０２０年は、世界中の誰もが経験したことのない新型コロナウイルスとの長い戦いの年でした。

ある会社とご縁があり、私のオリジナルブランド「ＪＵＳＴ ＪＯＹ」発足に向けて準備を開始したのは、東京に緊急事態宣言が出た２０２０年４月です。

正直、このままブランド設立の準備を続けていいのか、悩んだこともありました。

誰もが得体の知れない恐怖や、先行きの見えない不安をかかえる中、服を作り提案するということが、果たして世の中の役に立つのだろうか。

それでも、いえそんなときだからこそ、服の力を信じたい。服が人の心をいかに強く勇気づけ明るくするかを伝えたい。そんな強い想いに導かれ、新ブランド作りがスタートしたのです。

ブランド名の「ＪＵＳＴ ＪＯＹ」は、純粋に喜びや楽しみのためだけに、という意味です。何にでも合わせやすいから、無難だから、この色が似合うと人に言われたから……ではなく、その服を着ると心から嬉しい！　ワクワクする！　と思える服だけを着てほしい。年齢で区切ることなく、すべての女性に積極的におしゃれを楽しんでほしいという想いを込めています。

商品作りのプロセスは、私が以前いたアパレル企業とはまったく違うものとなりました。

通常、アパレル商品の企画や新ブランドを立ち上げる場合には、とにかく会議が多いです。マーケットリサーチをする、デザインコンセプトを決める、ワンシーズンの売り上げや粗利計画を立てる。商品構成を決め、デザイン画を描き、素材を選び、仕様書を作り、工場や発注数を決める。そして、サンプルが出来上がってきたら、モデルに着せ、スタッフ全員が取り囲んでそのサンプルの検討会をする。リアルに人と会わずにこの仕事が進むなんて、想像したこともありませんでした。

ところが、今回はチームのメンバーのほとんどが在宅勤務になったため、毎日の打ち合わせはＬＩＮＥとＺｏｏｍのみです。毎日ものすごい数のＬＩＮＥが飛び交いました。

素材の見本帳やサンプルの入った段ボールが自宅に届くと、それを一人でゴソゴソ開けて、自分で着てみて、たまに着ている自分に針を刺したりもしながら、服にピン打ちをして修正箇所を指示し、また段ボールに詰めて送り返す……。来る日も来る日もその繰り返しです。

結局、6ヶ月間でスタッフと直接会えたのは、たったの4回でした。


それでもなんとか予定していた秋に、新ブランドのスタートまでこぎつけることができました。言うまでもなく、長年アパレルの実務から遠ざかっていた私を懸命にサポートしてくれた、何人ものスタッフがいたからこそできたことです。

発売から2週間ですべての商品がSOLD OUTになったときは、嬉しいよりも、これでようやく支えてくれたスタッフの苦労に報いることができたという安堵感でいっぱいでした。

そして何より嬉しかったのは、

「こんなにワクワクする服を見たのは久しぶりです」

「コロナで人と会う機会は減ったけど、貴重な外出のときには、めいっぱい好きな服を着ておしゃれを楽しみたいと思いました」

といったお客様からの温かい言葉です。


今回、この貴重な経験を通じて、思いました。

「私、まだまだ伸びしろあるじゃない」

服づくりはまったく初めてのことじゃない。でも、以前と同じ方法では仕事を進めることはできない。まるで謎解きのようなミッションです。

でも、やってみたらなんとかできてしまった。今まで私が生きてきて、身につけたあらゆるスキルを総動員すれば、未知のことにも果敢にチャレンジできるんだという、自信になりました。

おそらく20代30代の私だったら、決してできなかったことです。歳を重ねて知恵と経験が増すって、若い頃にはできなかったことが、できるようになることなんだと実感じました。そして私は、これからの自分がますます楽しみになってきたのです。

この本を最後まで読んでくださったあなたに、ここでもう一度最初と同じ質問をします。

「あなたを20歳に戻してあげる」

もし、目の前に魔法使いが現れてそんなふうに言われたら、あなたはどうしますか？

「歳を重ねるのもなかなか楽しそうじゃない？」

少しでもそう思っていただけたら嬉しいです。


本書のためにたくさんのご尽力をいただいた、アートディレクター加藤京子様、フォトグラファー伊藤翔様、草間大輔様、松島和彦様、そしてダイヤモンド社酒巻良江様に、この場をお借りして心より感謝申し上げます。

２０２１年　春を待ちながら

ミランダかあちゃんこと　輪湖もなみ

読者・視聴者の皆様から、たくさんのコメントや応援メッセージをいただきました。ありがとうございました。

・今さらおしゃれなんて、と思っていた自分が、毎日何を着るか楽しみになっただけでなく、かあちゃんのように情熱を持って仕事に取り組もうと思うようになりました。(ATさん44歳)
・かあちゃんと出会い大人のおしゃれを目指したいと決意。40年ロングだった髪をバッサリショートボブにしたら似合う洋服が増えました(シフォンさん59歳)
・「何となく、一応」から「幸せにしてくれるもの」だけを厳選。分身のように愛情を持って服のお手入れをするようになりました。(るくさん43歳)
・かあちゃんの個人レッスンで「腰に肉が…」と相談したら、直後に妊娠が判明。理想の母、仕事人を目標に少しずつクローゼットを育てています。(びわさん37歳)
・かあちゃんのメソッドは年代を問わず勉強になります。母にもかあちゃんを紹介して50代20代ともに楽しませていただいています。(ともかさん29歳)
・かあちゃんのクローゼット収納を参考にしたら、ムダ買いが減って、コーデが楽になりました。買い物とお洒落が怖くなくなりました。(和さん47歳)
・育休明けの仕事復帰。不安な気持ちをかあちゃんの言葉とファッションが支えてくれました。背筋を伸ばして、今日も行ってきます!!(チョコミントさん38歳)
・子育てに夢中で、お洒落を忘れ、気がつけば諦めてた。かあちゃんは惜しみなく素敵を教えてくれる。ただいま55歳お洒落が楽しい!(あんずさん55歳)
・還暦を過ぎてもおしゃれを楽しんでいいんだよって魔法のように勇気づけてくれるのが、ミランダかあちゃんです。(智子さん63歳)
・「好きな色は似合う」かあちゃんの言葉で自信を回復。なぜだか転職までうまくいきました。(遥さん53歳)

［著者］
ミランダかあちゃん／輪湖もなみ（わこ・もなみ）
ファッションプロデューサー・ディレクター、YouTuber、ワードローブコンサルタント。有限会社モナミアンドケイ代表取締役社長。
大手アパレル企業に16年間勤務し、専門店販売指導、店舗管理に携わった後、独立。アパレル業界での豊富な経験と知識をもとにした理論的な切り口と、提案するコーディネートの実践のしやすさが大人女性に支持され、ブログ「ミランダかあちゃんのスタイルレシピ」は月間300万ＰＶを達成、YouTube「ミランダかあちゃんねる」は総再生回数1300万回を突破した。大人世代向けファッションブランド「JUST JOY」、リメイクブランド「STYLE04」のブランドプロデュースと運営の他、ファッション誌への執筆もおこなっている。著書に『「いつでもおしゃれ」を実現できる　幸せなクローゼットの育て方』（ディスカヴァー・トゥエンティワン）がある。

どうせなら歳は素敵に重ねたい
——大人の日々をおしゃれに生きる着こなし、暮らし、生き方のアイディア

2021年1月26日　第1刷発行

著　者——ミランダかあちゃん／輪湖もなみ
発行所——ダイヤモンド社
〒150-8409　東京都渋谷区神宮前6-12-17
https://www.diamond.co.jp/
電話／03･5778･7233（編集）　03･5778･7240（販売）
装幀————加藤京子（Sidekick）
カバー写真撮影—伊藤翔
本文写真撮影—伊藤翔（人物）、草間大輔（静物）、松島和彦（人物、コラム）
ヘアメイク—AY（KIKI PARLOUR）
DTP制作——伏田光宏（F's factory）
編集協力——野本千尋
製作進行——ダイヤモンド・グラフィック社
印刷————ベクトル印刷
製本————ブックアート
編集担当——酒巻良江

ISBN 978-4-478-11098-0